U0502843

神秘的符号

神秘的符号

符号背后的故事

[英]克莱尔·吉布森 著

张隽昕 译

中国科学技术出版社

· 北 京 ·

图书在版编目（CIP）数据

神秘的符号：符号背后的故事 /（英）克莱尔·吉布森著；张隽昕译 . -- 北京：中国科学技术出版社，2023.12

书名原文：HOW TO READ SYMBOLS：A crash course in the meaning of symbols in art

ISBN 978-7-5236-0386-4

Ⅰ.①神… Ⅱ.①克… ②张… Ⅲ.①符号学－通俗读物 Ⅳ.① H0-49

中国国家版本馆 CIP 数据核字（2023）第 235715 号

著作权合同登记号：01-2023-5191

Original title: How to Read Symbols

Copyright © 2009 Quarto Publishing plc

First published in 2009 by Ivy Press,an imprint of The Quarto Group.

All rights reserved.

策划编辑	张耀方
责任编辑	徐世新　张耀方
封面设计	中文天地
正文设计	中文天地
责任校对	邓雪梅
责任印制	李晓霖

出　　版	中国科学技术出版社
发　　行	中国科学技术出版社有限公司发行部
地　　址	北京市海淀区中关村南大街 16 号
邮　　编	100081
发行电话	010-62173865
传　　真	010-62173081
网　　址	http://www.cspbooks.com.cn

开　　本	889mm×1194mm　1/32
字　　数	110 千字
印　　张	8
版　　次	2023 年 12 月第 1 版
印　　次	2023 年 12 月第 1 次印刷
印　　刷	北京华联印刷有限公司
书　　号	ISBN 978-7-5236-0386-4 / H·97
定　　价	69.00 元

（凡购买本社图书，如有缺页、倒页、脱页者，本社发行部负责调换）

目 录 CONTENTS

前 言

我们都理解艺术的感性和美学吸引力，并且都感受过它的力量——愉悦和感动，抑或震惊和厌恶。但是，除非你透过艺术品的表面看下去，除非你了解你正在观赏的东西，否则你永远只能看到画面的一小部分。因为艺术在很大程度上是通过符号体系进行交流的，而一个符号代表着一些其他的东西。

找出线索，并与艺术家在其绘画和艺术品中编码的符号建立联系，这将打开你的视野，让你进入一个具有丰富典故和隐藏意义的领域。因为利用符号体系的古老力量，能使艺术家和观众超越创意媒体和文化传统的限制，深入人类心灵深处。

本书中的符号图像按主题以及地域排列，在神圣符号之后是身份符号和符号系统（在某些情况下也有寓言符号）。但请注意，某些符号超越了这些界限，因此可能被归入不止一个类别，这也证明了人类意识和文化的复杂性。

有些符号不需要解释——例如颜色，或者某些鸟、兽所代表的品质——因为我们会本能地对它们做出反应。事实上，精神分析学家西格蒙德·弗洛伊德（Sigmund Freud）和卡尔·古斯塔夫·荣格（Carl Gustaf Jung）率先提出，人类的思维天生就具有以符号的方式进行思考和交流的能力，而符号语言，特别是原型语言，超越了时间和空间。你将在本书中看到许多艺术作品，以及一起被讨论的符号细节，这都表明符号体系确实是一种古老而普遍的语言。

也就是说，随着世界各地不同文明、信仰、社会和文化的发展，每种文明都发展了自己的符号词汇，用来描绘和表达神圣的概念、个人和集体身份的各个方面以及抽象的理论和思想。本书通过各时代和各大洲一系列精彩的艺术作品，概述了符号和符号体系的语法，提供了一个独特的视角，用奥斯卡·王尔德（Oscar Wilde）的话说，就是"所有艺术都是表面和符号"。

母亲和孩子

圣母和圣子的形象符合古老传统：通过描绘母亲和孩子来庆祝生育和出生。因此，这不仅是对基督教虔诚的深刻表达，也是一个典型的形象。

符号和符号体系

引 言

另见
正方形，
第 141 页
尤克特拉希尔，
第 177 页

卡尔·古斯塔夫·荣格在《人与他的符号》（*Man and His Symbols*，1964 年）中写道："人类有制造符号的倾向，无意识地将物体或形式转化为符号……并在其宗教和视觉艺术中表达出来。"每个大陆的史前岩画都证实了这一观点。这些古老的图像不仅充满了熟悉的动物和手印等形式，还被后来的文化赋予了符号意义。因此，人类可能一直在为其周围的环境制作符号，"狩猎魔法"符号发展为神圣符号、身份符号和符号体系，包括全世界许多不同的艺术传统的符号。

生命之树

《阿什莫尔动物寓言集》中的一幅插图——13 世纪的英国插图手稿——描绘了一对神奇的生物在生命之树的树枝上拍打鸽子的情景。这样的树是宇宙存在的普遍象征，也是生死循环的象征。

树

　　落叶树每年生长和脱落叶子的模式象征着生命周期，而常青树则象征着不朽。一些文化设想了一棵宇宙树（如北欧的世界之树尤克特拉希尔），而家庭树则代表着连续性，无论是血统还是神圣或神秘的概念。

巫师

　　根据荣格的理论，人类的集体无意识中充满了不受历史或地理限制的原型符号。其中包括女巫，通常被设想为年长、黑心的女人，出于邪恶的目的使用自己的黑魔法。

船

　　符号可视化的一个例子是将生命历程表现为一次旅行。在寓言画中，船可能因此象征着灵魂的容器身体或航行于生命之水的交通工具。它可能也代表基督教会。

正方形

　　形状在艺术中往往具有象征和寓言的意义。例如，它的坚固性和稳定性使正方形代表了地球和物质。因为它有四个角，所以正方形也可能暗指诸如基本方向、元素和季节等信息。

宇宙和自然界

另见
瑞，
第 55 页
太阳克奇那，
第 77 页

日常生存是我们早期祖先最关注的问题，这也是为什么狩猎场景在岩画中如此普遍的原因。人类随后从游牧的狩猎采集者转变为定居的农业者，这也反映在其不断发展的艺术形式中。例如，太阳和水对于作物的成功种植至关重要，但却无法保证每年都有最佳的日照和降雨量。理解和控制这些自然力量的愿望导致它们成为神圣的存在或可视化的现象，并在早期的神圣艺术中以符号的形式表现。

太阳的脸

把太阳圆盘描绘成人脸的风格反映了一种古老的信仰，即太阳是一位可能乘坐太阳战车的神。这张充满阳光的脸是为 1817 年制造的意大利仪式性马车"埃及人"设计的车轮浮雕造型。

鹿

　　鹿、羚羊、水牛、野牛和其他被猎杀的动物——物种的性质取决于它们是否普遍——在旧石器时代代表着食物。它们在岩画中出现象征着"狩猎魔法"，或者希望这种描绘能神奇地转化为现实。

太阳战车

　　随着神圣的符号思维的发展，太阳被设想可以每天乘坐交通工具穿越天空。古埃及人把它描绘成一艘太阳船，而其他文化则把它想象成一辆由印度太阳神苏里亚驾驶的马车或战车。

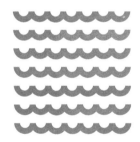

水

　　定期降雨或河水泛滥对土地的肥沃至关重要。那些曾经生活在海边的人也依靠海洋来维持生计，例如，在地中海文化艺术中，波浪的风格化表现可能象征着肥沃。

玉米和小麦

　　粮食作物经常出现在那些依赖它们生存的人的艺术作品中。作为生命的象征，玉米和小麦——可能以穗或捆来描绘，以及作为农业神的属性——在古埃及、希腊和罗马的艺术中占有重要地位。

宇宙论和神祇

另见

宙斯 / 朱庇特，
第 165 页

印度教三相神，
第 104-105 页

最初，天体、自然现象、地球上的生命和神灵之间的联系，发展成了精心设计的宇宙论、神话和万神殿。例如，在北美洲，本土生物被设想为造物神或文化英雄，而澳大利亚本土艺术则描绘了梦幻时代创造者的复杂形象。在这些万神殿中，最具历史影响力的可以说是古典时期的万神殿，尽管印度教的诸神今天仍然受到崇拜。他们之间虽存在差异（通常是由于不同信仰的融合，见第 249 页），但不同万神殿中相关类型的神灵的符号和属性之间的基本相似性却经常令人震惊。

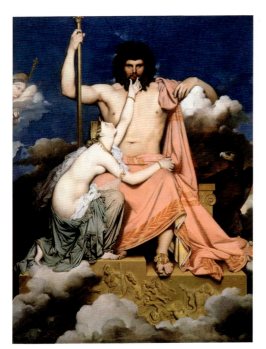

天国宝座

在法国艺术家让·奥古斯特·多米尼克·安格尔（Jean Auguste Dominique Ingres）的画作《朱庇特和忒提斯》（1811 年）中，云层遮住了朱庇特宝座的底部。忒提斯是阿喀琉斯的母亲，她在画中恳求宙斯 / 朱庇特（古典时期的天神和至高之神）干预特洛伊战争，支持她的儿子。

云

在艺术作品中，云可能只是象征着降雨和丰饶。然而，云有一种神秘的气息，它可见，却无形；不断变化，掩盖了其背后的东西；但有时也会让位于灿烂的阳光。因此，它们可能象征着神圣的宝座、交通工具，甚至是隐蔽的手段。

蜘蛛

蜘蛛显然具有神奇的能力，能凭空织出一张美丽的网，这让人敬畏。因此，某些文化将网等同于宇宙，将蜘蛛等同于创世：例如，美国原住民纳瓦霍人讲述了蜘蛛祖母的故事，她还教纳瓦霍妇女编织艺术。

郊狼

在北美洲传统中，人们对郊狼的看法是矛盾的。虽然有些美洲原住民文化认为这种动物在创世中发挥了作用，也认为土狼是文化英雄，但其他文化则认为它是一个骗子。美洲原住民艺术中可能暗含了郊狼的所有方面。

三相神

在艺术表现中，构成三相神的三个印度教神通常以三个融合的头像作为象征，分别是梵天（"创造者"）、毗湿奴（"保存者"）和湿婆（"毁灭者"）。他们共同代表了生死循环的普遍和相互关联的原则。

社会符号体系和符号系统

另见
皇冠，
第 21 页
身体艺术，
第 31 页

随着社会的发展，符号体系和艺术的融合越来越多地用于传达社会身份的各个方面。例如，集体身份是通过展示代表特定部落或群体的符号来表示的。某些符号代表最高的社会权威，是留给统治者的。符号系统也演变为记录和交流的工具，早期的书写系统，如古埃及的象形文字，最初就使用图形符号来表达概念。此外，人类的想象力还创造了一系列神奇的生物，用来代表无法解释的事件和复杂的概念。

王权符号

11 世纪德国手稿《奥托皇帝福音书》的一幅插图中，神圣罗马帝国皇帝奥托二世（955—983 年）接受各国代表的致敬。奥托二世的崇高地位体现在他的宝座、皇冠、权杖和王权宝球上。

非洲面具

非洲面具能让佩戴者在展现集体部落身份的同时，呈现出不同的身份。这个乔奎人面具曾由首长佩戴，代表着男性面具（Chihongo），繁荣的精神。面具额头上的十字形疤痕（被称为 cingelyengelye），象征着巴刚果人的上帝（Nzambi），乔奎人的创物主之神。

王权宝球

在正式的肖像画中，欧洲统治者可能会手持一个王权宝球。王权宝球的圆形象征其等同于地球，而其上的十字架有时象征着基督教。这个王权宝球是英国君主和神圣罗马帝国皇帝徽章的一部分，标志着持有者作为基督在人间的代表拥有全球主权。

象形文字的表意符号

古埃及人在图像符号的基础上发展了一套复杂的书写系统，主要包括象形文字、表意符号、表音符号和限定词。上面的表意符号代表一对人类的小腿，并被用作表示运动的限定词。

弥诺陶洛斯

弥诺陶洛斯是一头公牛和帕西法厄（克里特岛国王米诺斯的妻子）的后代，他在王宫的迷宫中游荡，吞噬年轻的雅典人，直到他被希腊英雄忒休斯杀死。因为他是牛头人身，所以弥诺陶洛斯象征着潜伏在人类体内的动物激情。

潜意识的符号体系

另见

沙克提，
第 49 页
赫拉克勒斯，
第 173 页

西格蒙德·弗洛伊德和卡尔·古斯塔夫·荣格的研究使人们在 20 世纪对人类心理学有了新的认识，同时也对艺术的创作和解释产生了相应的影响。弗洛伊德提出了心灵由本我、自我和超我组成的理论，本我或潜意识用符号表达其本能的冲动，尤其是性冲动。根据荣格的观点，心灵由意识、个人潜意识和集体潜意识组成，而代表人类普遍经验的原型符号位于后者。在弗洛伊德和荣格的理论中，这种符号在梦境和艺术中都能找到出口。

英雄人物

这尊青铜雕像可以追溯到公元 1 世纪，一名健壮的男性紧紧抓住一头鹿的鹿角，用力将其推倒在地。在意大利的庞贝古城发现的这一原型英雄形象描绘的是赫拉克勒斯，他的第三项任务是抓住刻律涅牝鹿。

印度教的林伽和约尼

在神圣的印度教和密宗艺术中经常可以看到，林伽是一个古老的阳具符号，而它可以穿透的约尼则象征着外阴。林伽代表阳性（和湿婆），而约尼代表阴性（和湿婆的夏克提），它们的融合代表性的结合。

摩洛克

在噩梦、神话、童话和艺术作品中，可怕的、具有威胁性的生物经常出现，它们可能象征着深刻的恐惧。孩子们被献祭给摩洛克（《旧约圣经》中的闪米特神）的景象，可能代表对失去孩子或"智慧结晶"的恐惧。

英雄

英雄，如古典时期的赫拉克勒斯，是世界各地文学、传说、传奇和艺术中的典型人物，通常被设想为与邪恶斗争或证明自己价值的战士。它是男性拥有阳刚之气的积极方面，而英雄的对立面是恶棍。

聪明的老妇人

像印第安人的祖母一样，典型的智慧老妇人通常被描绘成祖母般的形象，但也可能被描绘成女祭司。聪明的老妇人象征着从经验中汲取智慧和精神启迪，她把这些知识用于善的方面（与她的对立面女巫不同）。

艺术中的符号体系

另见

正三角,
第 141 页

倒三角,
第 141 页

阴和阳,
第 149 页

符号在艺术中并不总是一目了然的,但如果被识别和理解,可能会增加绘画的信息。例如,数字——也许是以多个数字符号的形式——和形状(它们通常是相连的)可能具有意义。颜色也可能具有象征意义,红色可能暗指血液,因此意味着生命或流血,而黄色象征着太阳、黄金或幸福。神奇的生物可能不仅仅象征着一个神话人物,特别是在象征主义或超现实主义作品中。相反,在画的边缘可以看到的某些符号,即制作者的标记和艺术家的签名,通常没有深刻的意义。

象征主义幻想

法国画家古斯塔夫·莫罗(Gustave Moreau,1826—1898 年)的《仙女和狮鹫》展示了一些象征主义者如何从神话中获得灵感,并将其作为象征性图像表达内心真实的想法。像狮鹫这样的神奇生物可能暗示着个人的幻想。

三角形

等边三角形三边相同，可以象征每一个部分都同样重要的三个物体或事件：例如基督教的神圣三位一体，或过去、现在和未来。根据它是正三角还是倒三角，它也可能象征着男性特质和火，或者女性特质和水。

光明与黑暗

一幅画中任何明暗区域的意义都可能与白色和黑色的象征意义有关。根据欧洲传统，白色代表白天、光明、善良、生命和纯洁等积极的概念，而黑色则代表夜晚、遗忘、邪恶、死亡和腐败等消极的概念。

狮鹫

与狮鹫有关的许多神话故事可以追溯到古埃及和美索不达米亚。它被认为是一个警惕的黄金守护者，它的形象通常是鹰头、鹰翅和鹰爪以及狮子的身体，使这两种生物代表太阳、威严的象征意义加倍。

字母组合

艺术家有时会在他们的作品上签下有独特风格的签名，这样的签名本身就可以说是一种符号。例如，德国艺术家和雕刻家阿尔布雷特·丢勒（Albrecht Dürer, 1471—1528 年）以他名字的首字母（AD），组成了一个独特的字母组合来代表他的名字。

符号的语法

引　言

另见
母亲和孩子，
第 7 页
大象，
第 51 页

　　撇开对名利的渴望不谈，人类通常会被感动，创造出代表神灵或神圣概念的艺术；识别个人或宣布与他人的亲属关系；或记录事件和知识，表达抽象的想法。虽然其外观或目的可能是审美上的愉悦、精神上的满足、丰富的信息、教育或影响力，但与神圣、标志身份、传达知识和概念有关的艺术，通常是象征性的。各个时代和大洲的艺术家所使用的许多主题和符号都非常相似，这证明了人类与生俱来的象征性思维倾向。

神奇的生物

　　艾拉瓦塔可能被描绘成有 33 个头的生物，如一部 19 世纪中期泰国手稿中的这幅插图所示。据说艾拉瓦塔（或四面佛）是大象之王，而因陀罗在佛教中被认为是湿婆神（天上的神）之主。

伊西斯和荷鲁斯

在最古老的母神形象中，埃及女神伊西斯坐着给她的幼子荷鲁斯哺乳（牛角王冠强调了她亲自哺乳的意义）。这一形象被认为是基督教圣母和圣子的灵感来源。

鹈鹕

鹈鹕曾被认为会用喙啄开自己的乳房，用自己的血来哺育幼鸟。因此，它在基督教艺术中产生了共鸣，象征着基督为人类做出的自我牺牲，也象征着神学中的慈善美德（博爱）。

皇冠

一顶皇冠，或任何能将佩戴者与其他人显著区分开来的头饰，都象征着尊贵。在艺术上，它可以代表最高的社会、世俗或精神权威，是至高无上的统治者（神和凡人）的象征，或者是荣耀的象征（如殉道的圣徒所戴）。

艾拉瓦塔

这头神话般的白象在印度被称为艾拉瓦塔（在泰国被称为四面佛），它有3个或33个头，是天空之神因陀罗的坐骑，在印度教信仰中，因陀罗是东方的守护者。正如因陀罗与雷有关，艾拉瓦塔象征着巨大的雨云。

神圣符号

创　世

另见
**阿拉伯书法，
第 135 页
共济会符号，
第 227 页**

大多数信仰的宇宙论都包括宇宙如何产生、如何形成以及其组成部分如何相互联系。例如，书中的一神论宗教（犹太教、基督教和伊斯兰教）认为是上帝创造了宇宙，而多神论宗教（古埃及、古希腊和古罗马的宗教，以及印度教）将不同的宇宙角色归于不同的神灵。这些说法不仅有许多共同点，而且当宇宙的创造和结构在艺术中表现出来时，某些符号——最明显的是圆——的反复出现特别引人注目。

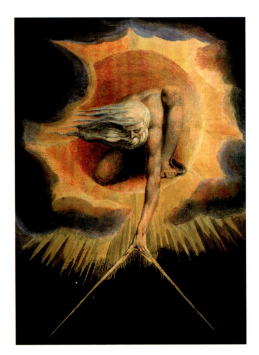

创造

英国浪漫主义者威廉·布莱克（William Blake），在为他的著作《欧洲：一个预言》（1794 年）创作的浮雕版画《远古时代》中，描绘了犹太基督教的上帝，他拿着一把圆规，正在创造万物。布莱克创造的形象是基于《旧约》之《箴言》。

圆规

　　在基督教艺术中，当上帝创造宇宙时，神圣的建筑师可能拿着一把圆规。圆规是测量和创造的工具，由于它们能画出圆，所以在表示宇宙和永恒时，它们具有相同的象征意义。

圣书

　　"太初有道……道就是神"（《新约圣经》之《约翰福音》），明确地将上帝即创造者，与"圣言"联系起来。基督教《圣经》、犹太教《圣经》和伊斯兰教《古兰经》都代表了上帝的圣言。

密宗咒语

　　密宗咒语象征着宇宙和它的组成部分。由莲花花瓣环绕的圆圈象征着创造、存在的永恒轮回和宇宙，而内部环环相扣的三角形代表着男性特质和女性特质，中心的圆点代表着中心或绝对。

衔尾蛇

　　大蛇咬尾——衔尾蛇（希腊语为"吃尾巴"）——是一种古老的象征。它的圆形形状和自我吸收使它与宇宙和整体（在古埃及和希腊）、永恒和轮回（在印度教和佛教中生、死和重生的无尽循环）相联系。

不同神灵

另见
尚戈，
第53页

矛

作为一种武器，矛是战神的属性。战士在传统上是一种男性的职业，战神——像古典时期的阿瑞斯/玛尔斯——一般都是男性（矛也是阳具的象征）。然而，有些是女性，包括雅典娜/密涅瓦，古典时期的战争女神和冠军英雄。

许多文化都设想了神圣的万神殿，其中每个成员都象征着人类经验的一个方面，例如太阳和月亮，或天空、大地和海洋，艺术和手工艺，战争和死亡。有些神灵被认为是遥远的人物，很少被描绘出来，而有些神灵则经常被描绘出来，或者由代表其特殊权力或责任的物品所象征。尽管这些物品可能是某一特定文化所特有的，但它们的共性往往是普遍的，例如雷神，约鲁巴人的尚戈和北欧人的托尔就以双头斧或锤子作为象征。

丰饶之角

法国布卢瓦城堡16世纪的版画《爱的寓言》中的右侧人物拿着一个丰饶之角。就像它所装满的大地上的果实一样，丰饶之角是生育的象征，在这里暗示着画面中心的夫妇将孕育后代。

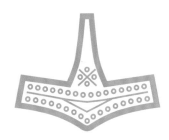

托尔的锤子

　　北欧的雷神托尔被想象成一个无畏、好斗的天空之神，他的战车在天空中飞驰时，车轮会发出雷鸣般的轰响。托尔愤怒时投掷的双头锤，被称为妙尔尼尔（它总是会又回到他手里），象征着雷电。

神圣的母猪

　　母猪生下并喂养一大窝小猪，它要么是世界上许多母神的代表，要么是她们的属性或圣物。其中包括古埃及的伊西斯、希腊罗马的德墨忒尔／克瑞斯和威尔士或凯尔特人的塞里德文。

丰饶之角

　　丰饶之角，是自然丰饶的象征，是农业女神的属性，如古典时期的德墨忒尔／克瑞斯。角（最初是山羊阿玛忒亚的角，在古典传说中，它为宙斯／朱庇特哺乳）通常装满水果和蔬菜。

卷线杆

　　因为纺纱通常是妇女的工作，所以卷线杆（在纺纱前将亚麻缠绕在上面）已成为女性特质的象征。它也可以代表古典时期的雅典娜／密涅瓦，据说她发明了纺纱和织布的艺术，以及命运女神克洛托。

善对恶

另见
生命之树，
第 8 页
骷髅，
第 47 页

在大多数神话和宗教中都存在明确的冲突，其中善的助益性力量与恶的破坏性力量相对抗。这种宇宙冲突是持续不断的，尽管善的力量占了上风，但邪恶的力量却不断地构成威胁，直到最后的灾难之战，也许预示着世界末日的到来。善的代表可以是天空、太阳和日光、金色的鸟和白翼生物，而邪恶的代表则与冥界、月亮和黑暗、黑蝙蝠和爬行动物有关。

天使与恶魔

在 1486 年法国版奥古斯丁的《上帝之城》的一幅木版画中，死神锯断了生命之树。在死亡之前，树上的人必须在精神上的荣耀（天使的皇冠）和世俗的财富（恶魔的宝箱）中进行选择。

鹰对蛇

　　鹰对天空的驾驭能力、与天神的联系以及捕食蛇的习惯（许多文化对蛇的看法是矛盾的），使鹰在与邪恶的斗争中象征着善良。这种斗争在印度教艺术中以迦楼罗和那迦的冲突为例。

菩萨

　　在佛教信仰中，菩萨是开悟的人。菩萨选择留在人世间，帮助人类获得涅槃。虽然一般来说，菩萨是善良的，但有时也会以愤怒的形象与邪恶生物进行激烈的斗争。

天使

　　尽管耶稣可能会被描绘成受到撒旦的诱惑，或在痛苦的地狱场景中光荣地站在那里，但在基督教艺术中，通常是天使与魔鬼和他邪恶的帮手进行肉搏。由于天使的光环和精致的翅膀，他们毋庸置疑是善的象征。

恶魔

　　尽管许多恶魔被认为具有变形的能力，但在基督教艺术中，大多数恶魔都可以通过其黑色的身体、翅膀和尾巴、动物的角和耳朵、獠牙和爪子来识别。恶魔并不仅限于基督教，例如，印度教艺术中也有类似的有角有牙的恶灵。

表达神圣的概念

另见
赫尔墨斯/墨丘利，
第 167 页
彩虹蛇，
第 239 页

有些神圣的概念难以用语言表达，或者说表达起来太笨拙，而形象化地表达则要容易和优雅得多。据传说，圣帕特里克在向爱尔兰人解释基督教的三位一体时就发现了这一点。通过以三叶草为象征，圣帕特里克延续了悠久的传统，利用自然界的各个方面来代表复杂的抽象概念。事实上，所有的文化和信仰都利用了动物、植物和矿物世界的例子来象征神圣，确切地说用到了天空、海洋和大地上所有可见的东西，无论是自然的还是人造的。

尼斐尔泰丽和她的身魂

埃及底比斯皇后谷中的一幅壁画描绘了古埃及法老拉美西斯二世的妻子尼斐尔泰丽女王正在玩一场单方的塞尼特游戏。右边的人头鸟与尼斐尔泰丽的特征和秃鹫头饰一样，是她的身魂（见下页）。

身魂

在古埃及艺术中，身魂被认为是人的性格或精神中幸存下来的重要部分，它被描绘成一只长着人头（死者的）的鸟。它的混合外观表明它的超自然性质，而它的翅膀则象征着它行动自由。

彩虹

虽然许多传统将彩虹等同于蛇（澳大利亚原住民认为彩虹蛇代表水），但北欧神话将"摇晃的天国之路"（彩虹桥，比弗罗斯特）描述为连接天堂和人间的桥梁。犹太基督教的彩虹象征着上帝与人类的盟约，因此象征着和平，也象征着基督的天国宝座。

阿斯克勒庇俄斯之杖

阿斯克勒庇俄斯的主要特征是一条盘绕在杖上的蛇（这个代表医学符号的两个元素最初是分开描绘的）。由于蛇蜕皮后会"重生"，因此在许多文化中它们象征着精神治愈和重生。

圣杯

在基督教的传说中，圣杯——耶稣在最后的晚餐中用过的杯子或碗，后来亚利马太的约瑟夫用它盛接了耶稣的血——被中世纪的基督教骑士们寻找。据说圣杯有赋予永生的能力，它象征着基督的救赎力量。

身份符号

祖先、部落和宗族身份

另见
发光的字母，
第 39 页
银蕨，
第 237 页

在史前岩画中看到的手印，证明了古代人有利用符号留下自身印记的欲望。集体和个人的身份符号也一直在艺术中出现，例如，用以象征家庭、宗族、部落或国家的成员。这种表明团结或成为同类的强烈愿望，可以通过描绘共同的祖先、在面具上复制部落的身体标记、描绘图腾以及纹章来体现。社会地位和进入军事单位或秘密社团等特定群体也同样可以通过符号表示。

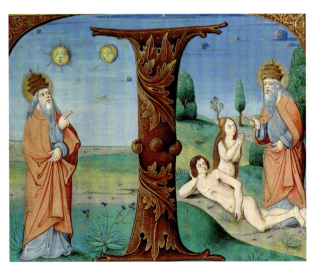

第一个男人和女人

在法国圣阿芒修道院的一本 16 世纪《圣经》的插图中，有两个场景被一个发光的字母分开，这两个场景来自《旧约》中的《创世记》。左边是上帝创造了太阳和月亮，右边是亚当和夏娃。

亚当和夏娃

　　无论他们是无名夫妇还是亚当和夏娃（犹太教、基督教和伊斯兰教传统认为的第一对男女），很明显他们是一对通常代表人类群体的原始祖先。因此，他们象征着血缘关系或亲缘关系。

身体艺术

　　在非洲、美洲和大洋洲的人类表现中可见的某些装饰性符号（与人体艺术相呼应）具有深远的意义。毛利人的银蕨图案文身象征着充满活力的成长，而非洲人的疤痕可能象征着入会或部落身份。

图腾柱

　　图腾柱常见于北美洲西北海岸地区。它们由图腾生物和神话生物的独特雕刻和绘画组成，这些徽章象征着一个部族的神话血统和集体身份，以及每个生物的特征。

国旗

　　国旗象征着一个民族或国家及其人民，例如白底上的红十字——圣乔治十字——代表英格兰。国旗可能会随着时间的推移而改变，但它总是代表着有关国家的历史或特征的重要内容。

勇士精神和入会仪式符号

另见
手印,
第 49 页
鹰和雷电,
第 163 页

长期以来,符号一直传达着与勇士精神、人生大事及其庆祝仪式和入会有关的概念,其中有些符号已经从战场跨越到了艺术家的画布上。人们需要用勇敢和技能证明自己有资格加入精英阶层,而成功可能会用符号标示出来——例如,通过中世纪骑士的马刺,或马赛人盾牌上的符号(sirata)。盾牌上还有保护性图像,如平原印第安人的"权力"符号,以及由欧洲纹章发展而来的识别标志。此外,军旗也使用了符号——通常是具有攻击性的鸟类或野兽——来宣扬士兵的团结和凶猛。

战场纹章

14 世纪的德国手稿《马内塞古抄本》中描绘的一场小规模战斗,说明了欧洲纹章的战场渊源。下面这些盾牌上的旗帜代表着布拉班特和林堡的约翰一世公爵(约 1254—1294 年),并将布拉班特的金色狮子与林堡的红色狮子结合起来。

骑士的马刺

当把马刺拴在骑手的靴子上时，由马刺施加的强烈压力会刺激马跑得更快。在欧洲，"赢得马刺"意味着一个人有资格成为骑士，这就是马刺表示骑士的原因，也象征着与众不同或证明了自己。

印第安人的盾牌

盾牌从字面和符号意义上保护盾牌持有者，上面的图像也告诉面对他们的敌人关于持有者的一些情况。例如，在北美洲平原印第安人的战士文化中，红色的手象征着勇气、力量和活力。

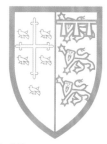

欧洲纹章盾牌

英国纹章系统从用于简单地识别战场上的单个贵族逐渐发展，越来越复杂的纹章被创造出来。例如，国王理查德二世于1397年授予第一任诺福克公爵托马斯·莫布雷的特许徽章时，合并了忏悔者爱德华的徽章。

罗马军团标志

在艺术中有时能看到，罗马军团的鹰旗上描绘着一只雄鹰（天鹰），它栖息在雷电上，由月桂花环框起，所有的符号都表示权力和胜利。下面的字母 SPQR 代表 Senatus Populusque Romanus，即"罗马元老院和人民"的拉丁文。

贵族、家族和王朝身份

另见
战场纹章,
第 32 页
日本纹章,
第 136-137 页

世界各地的自然符号通常以图腾的形式代表和识别家庭、宗族、部落及民族群体。一些特别精致的纹章系统在欧洲国家和日本发展起来,其装饰性、风格化的符号,同样取自自然,并经常出现在艺术中。虽然欧洲和日本的纹章被认为是为了帮助战场上的身份识别,但这两个系统最终都变得更有谱系意义,用特定的世袭符号或符号组合来识别贵族家庭和王朝(后来也用来识别公司和地区实体)。

日本纹章

在日本歌舞伎剧的一个动态场景中,一支军队正在迅速穿越湖面。在这幅 19 世纪的浮世绘作品中,可以看到与某些日本纹章所展示的符号相呼应的军旗形式。

银貂毛皮

在冬季，欧洲银貂的皮毛，除了尾巴尖是黑色，其余都是白色。银貂（在纹章学中被归类为一种色泽）象征着贵族，是中世纪时期的遗产，当时只有上流社会的人才能负担得起这种温暖而醒目的皮毛。

银貂五瓣花

银貂五瓣花（一种五瓣的风格化花朵）是博蒙特家族以及后来的莱斯特家族的纹章。人们认为它最早被莱斯特伯爵罗伯特·菲茨·佩内尔（Robert Fitz Pernell，卒于1206 年）称为"紫繁蒌"花，用作双关语。

蓟

蓟是苏格兰本土植物，是苏格兰的徽章和象征。这种带刺的植物也是英国最古老、最尊贵的蓟骑士团的标志，该骑士团的拉丁语格言是"没有人可以不受惩罚地攻击我"（Nemo me impune lacessit）。

荻纹纹章

上图所示的日本纹章展示了三株荻。这种样式的扇子可以传达持有者高贵的地位或职业的信息，其扇骨的数量，以及其织物的类型、颜色和图案，都具有象征意义。

个人和社会身份

另见
支撑物，
第 209 页
都铎玫瑰，
第 213 页

当在艺术中看到某些类型的符号时，它们可以识别人的身份或传递有关其社会身份的信息。例如，纹章可能象征着贵族或皇室成员。虽然不是严格意义上的世袭，但有些徽章已经代表了一种社会地位而非个人，例如鸵鸟羽毛徽章代表英国君主继承人。还请记住，符号或徽章并不仅仅用于大人物，也可以代表任何人，包括艺术家。而头饰和服装，无论是小丑的帽子还是皇家的皇冠，都能充分传达佩戴者的身份。

都铎王朝的纹章符号

基督城门是通往肯特郡坎特伯雷大教堂内部的大门，建于 1517 年，是都铎王朝成员亨利八世在位期间建造的。在展示的这个细节中，可以看到一对都铎王朝的拥护者（一条龙和一只灰狗）和一朵都铎王朝的玫瑰。

皇家云隙阳光

英国国王爱德华三世（1312—1377年）和亨利七世（1457—1509年）使用的徽章中有一个是云隙阳光，这是一种对太阳光从云层后面出现的风格化描绘。虽然云隙阳光代表的确切意义不确定，但它是希望的象征。

继承人的徽章

皇冠上粘有三根鸵鸟羽毛，上面写着德国格言"我尽职"（Ich dien），这是英国王位继承人（通常是威尔士王子）的纹章。它源于黑太子爱德华（1330—1376年）的母亲埃诺的菲利帕家族。

艺术家姓名的首字母组合

艺术家通常会在他们的作品上签名，无论是完整的签名还是首字母组合。上面是佛兰德斯画家安东尼·凡·戴克（Anthony van Dyck，1599—1641年）设计的签名。像这样的识别标记不仅能将艺术品与其创造者联系起来，还增加了其价值。

杰斯特

在艺术品和扑克牌中，与众不同的戴着多色帽子、穿着多色服装的杰斯特——中世纪欧洲宫廷雇用的职业小丑，即使在21世纪也能一眼被认出来（这样的"傻瓜"可能是寓言画中愚蠢的化身）。

符号系统

写作和记录

另见

埃及象形文字：
法老的五个名字，
第66-67页
阿拉伯书法，
第135页

　　记录信息的愿望和相应设计的书写系统，与人类语言和文明的发展同步进行。最早的文字是象形文字、表意文字和逻辑文字，它们描述了所象征的物体、概念或词语。然而，最终证明这些文字局限性太大，促使了抽象文字的发展，但文字、符号体系和艺术之间的紧密联系仍然存在。事实上，例如古埃及的象形文字和欧洲的符文可以为相应图像提供书面注释；希腊文字构成了许多早期基督教符号的基础；而写在卷轴上的中国文字通常被视为艺术品。

古代北欧文字符号

　　古代北欧文字符号包括了盎格鲁－撒克逊的卢恩字母 r 和 t，它们被刻在8世纪雕刻的鲸骨棺材里。这张图片展示的是弗兰克斯棺材的一个面板，据说是在诺森比亚制作的。

古代北欧文字

从公元 3 世纪起，斯堪的纳维亚和西欧使用的日耳曼古字母符文或文字被认为具有神奇的象征意义。上面的符文来自盎格鲁－撒克逊的弗托克文（字母表），是 d（代表"日"）、t（代表"蒂尔"）和 r（代表"骑"）。

玛雅字形

上图所示的字形可追溯到玛雅古典期（公元 300—900 年），是一种简写，或表示整个单词或短语的符号。这个玛雅文字以美洲豹的头部为基础，象征着单词 balam，意思是"美洲豹"。

发光的字母

从公元 400 年左右到中世纪末期，欧洲修道士创作并抄写了基督教文本，这些"发光的"或装饰好的首字母是其中的一个精美特征，它们本身也是微型艺术品。上面的"D"取自爱尔兰的《凯尔经》，以一种鸟为原型。

汉字

上面写的汉字传达了"正确"或"做正确的事情"的基本概念，尽管它包含了许多细微的含义，包括荣誉和道德。它还表示正义，儒家五德之一（与仁、礼、智、信并列）。

宏观世界和微观世界

另见
中国五行，
第 152-153 页
四种体液，
第 225 页

为了试图理解宇宙的运作，以及宇宙能量或天体如何影响地球上的生命，世界各地的社会发展了各种宏观和微观的理论，其中最著名的（也是最经常表现在艺术中的）浓缩在中国和西方的占星术原理中。虽然这些符号系统的细节有所不同，但两者都相信一个人的出生日期，或者说与其相关的对应关系，会影响他或她的个性。自然因素和占星因素据说也会影响人类的健康，正如中国古代医书和西方的"黄道十二宫"图所象征的。

黄道十二宫人

《眼科服务》（*Ophthalmodouleia*, *Das ist Augendienst*）是德国医生乔治·巴蒂什（Georg Bartisch）于 1583 年发表的一篇关于眼部疾病的论文，其中包括左图的木版画。画中连接中心人物和周围 12 个图像的线条，将包括狮子座在内的西方黄道十二宫与人体的各个部分联系起来。

中国十二生肖

在中国人的信仰中，宇宙是由被动和主动的阴阳能量相互作用来调节的（如太极图所示）。12个地支"黄道"周期由一圈12个象征性的生物表示，每个生物对应一个年份。

中医

传统中医认为，"气"是生命力，它沿着经络在体内流动，而经络的中断会对健康产生不利影响。每条经络都受到阴或阳的影响。五行的每一个组成部分都对应着一个器官。

西方的十二星座

西方的占星学原理围绕着十颗行星和十二星座展开（由象形文字和形象化的图像象征）。虽然星座创造了一个潜在的框架，但它们的主宰行星充当了方向性的力量，其影响在地球上和人体内能被感知到。

狮子座对应的体液

虽然四元素的作用，曾经被认为以"体液"的形式反映在人类的思想和体质中，但十二星座被认为会影响身体部位和器官。例如，狮子座与脊柱、背部和心脏有关。

影响命运

另见
手印，
第 49 页
塔罗牌的倒吊人，
第 227 页

对生命的随机性观察使所有时代和文明的人们得出结论：有一只神圣的手在操控着命运。在艺术中，就像在神话中一样，这个概念也许由幸运女神转动车轮，或者是命运三女神握着生命之线所象征。为了在某种程度上控制自己的命运，人类求助于占卜或算命。例如，用充满符号的塔罗牌占卜；赋予护身符象征力量，以抵御邪恶；发明了复杂的符号系统，如炼金术。

幸运女神之轮

在一幅 15 世纪的法国插图中，幸运女神正在转动她的车轮，这幅插图来自让·德·蒙（Jean de Meung）对罗马哲学家波爱修（Bothius）《哲学的慰藉》的译本。随着命运之轮的转动，人们的命运和社会地位也随之逆转。

命运之轮

命运之轮象征着生活的不可预测性，因此随着时间的推移，那些处于社会顶端的人可能会发现自己跌到底层，反之亦然。在文艺复兴时期的艺术作品中，幸运女神（其前身是女神堤喀和福尔图娜）通常头戴皇冠，有时还蒙着眼睛，转动着她的轮子。

命运三女神

古典时期的摩伊赖／帕西，或称"命运三女神"，据说她们手中握着人的命运，用一根线来象征。拉刻西斯用木棒量线，她的姐姐克罗托用纺锤纺线，而她的妹妹阿特洛波斯则用剪刀剪线，这三个过程对应着诞生、寿命和死亡。

哈姆萨

在中东，一个以独特风格的手为造型的护身符通常被称为哈姆萨（阿拉伯语和希伯来语中的"五"）或法蒂玛之手。它象征着对抗邪眼的保护力量。

尼格瑞多

尼格瑞多是炼金术伟大工程的第一阶段，等同于经历重生所需的死亡和腐烂。它可以用棺材里的国王（或索尔）和王后（卢娜）的尸体来象征。

闪电击中的塔

塔罗牌的第16张奥秘牌，主要描绘了一座被闪电击中的塔，把两个人摔到地上。它可能象征着通过神的启示或惩罚从尘世的束缚中获得解脱。

寓言符号

另见

身魂，第 29 页

奇妙的生物

奇妙的生物在各大洲的艺术中都占据重要位置。然而它们并不存在，那么为何人们会想象这些来自天空、海洋和陆地的怪物呢？这个问题的答案在于它们的象征意义，因为每一种生物都代表着存在的一个方面，虽然它的强大存在显而易见，但它曾经不为人知或未被正确理解。因此，这种混合生物可能象征着神秘的自然领域，如海洋（以特里同为代表），随机的破坏性力量（奇美拉），人类本性中兽性或感性的一面（弥诺陶洛斯和塞壬）或对死亡的恐惧（刻耳柏洛斯）。

塞壬之歌

一幅镶嵌画描绘了奥德修斯／尤利西斯航行经过塞壬的情景。船上的船员用蜡堵住耳朵，这样就听不见塞壬的歌声，而被绑在桅杆上的奥德修斯则无法响应。

特里同

虽然特里同是波塞冬和安菲特里忒的儿子，但特里同可能是指人鱼：上半身是人，下半身是鱼或海豚的水生生物。在具体描述中，特里同经常吹着海螺壳做的小号，代表着掌控海洋的力量。

奇美拉

希腊神话中的奇美拉可能长有狮头、羊身和蛇尾，有时还会多出一两个头。这个巨大的风暴化身摧毁了陆地和海洋，直到英勇的柏勒洛丰将其击退。

塞壬

正如希腊神话中的奥德修斯所描述的那样，塞壬是海中女神，她故意用无法抗拒的歌声将水手引诱到暗藏危险的岩石上。塞壬的形象经常是长着女人头的鸟，会被描绘在花瓶上，象征着因诱惑分心所带来的潜在灾难。

刻耳柏洛斯

在希腊神话中，刻耳柏洛斯是一只贪婪的三头犬，它守卫着通往冥府的门槛，确保没有活人进入，也没有亡魂逃脱。尽管偶尔会被瞒骗，但刻耳柏洛斯既代表了死亡的可怕前景，也代表了死亡的终结。

人类存在的寓言

另见
时间变化，
第 69 页
达芙妮，
第 173 页

艺术是寓言的完美载体，它通过符号传达出远比表面上更深刻的含义。例如，这种寓言指的是人类的寿命，或者警告说，无论多么美丽或强大，死亡都在等待着生者。死亡是欧洲虚空静物画和文艺复兴时期典范画的重点。诸如五感——人类体验的重要方面——和基督教美德等也可以用寓言的方式表现出来，通常由具有美好品质、属性或特征的女性形象来体现。

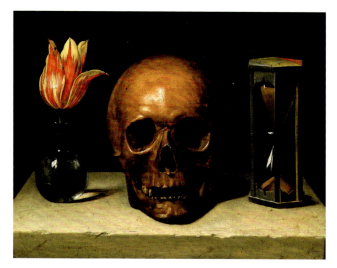

死亡象征

法国艺术家菲利普·德·尚帕涅（Philippe de Champaigne，1602—1674年）所画的黑暗阴郁的画作以鲜明的方式提醒人们，生命将不可避免地以死亡告终。郁金香象征着短暂的美丽，沙漏象征着时间的流逝，而头骨代表死亡。

嗅觉

五种感官（听觉、视觉、嗅觉、味觉和触觉）在欧洲艺术中由五个女人来代表，每个女人都具有与她所代表的感官相对应的属性。例如，嗅觉对应芳香的花朵。像紫罗兰这样有香味的花朵在其他寓言中也可以象征气味。

银貂

贞洁在欧洲基督教国家曾经是一种非常珍贵的品质，作为一种美德，它在艺术中被人格化。在文艺复兴时期和巴洛克时期的绘画中，贞洁可能由银貂来代表，银貂的纯白皮毛（尽管保留了深色的尾尖）象征着贞洁。

桂冠

桂冠首次出现在古典时期艺术中是太阳神阿波罗戴着常青树叶的皇冠。虽然它与古罗马的军事胜利有关，但"桂冠"（值得尊敬的人）这个传统标志最初强调的是诗歌或音乐成就。

骷髅

自中世纪以来，头骨和骷髅作为世界各地的死亡象征，"记住人终有一死"（拉丁语 memento mori）被纳入欧洲艺术，从而传达出一个符号信息：死亡在等待着我们所有人。因此，它们可能与世俗成功的符号并列。

符　号

另见
印第安人的盾牌，
第 33 页

红白双冠

在世界各地的艺术中，头饰经常传达出关于佩戴者身份的信息。上图是古埃及法老佩戴的红白双冠，它结合了下埃及的红冠和上埃及的白冠，因此象征着对"两块土地"的统治权。

引　言

从史前时代开始，人类就用艺术来表达与过去、现在和未来、神圣和世俗、人类身份的基本要素以及最抽象的哲学相关的深刻概念。无论主题或采用的艺术风格如何不同，用于传达这些概念的图像在世界各地都是相似的，这证明了人类古老而基本的图像化思维倾向——以及象征性的思维。在以下几页中，您将了解非洲、美洲、亚洲、欧洲和大洋洲的各种艺术形式所传达的一些符号信息。

灵感来源

在这幅 16 世纪的法国画作中，古典时期的神阿波罗在帕尔纳索斯山上演奏音乐。这幅画根据意大利艺术家乔治·吉西（Giorgio Ghisi）的雕刻作品改编。九位缪斯女神和珀伽索斯，还有流淌着充满诗歌灵感泉水的卡斯塔利亚泉。

沙克提

在印度教和佛教密宗的传统艺术中，沙克提（活跃的女性神圣能量）可能被描绘成与（被动的）湿婆神或佛教神灵亲密拥抱的女神。这种双神佛（"父亲-母亲"）的姿势象征着沙克提的生命力和创造力。

章鱼

从自然界汲取的符号可以是既简单又复杂的。例如，章鱼可能代表大海，但在古代地中海艺术中，它螺旋形末端的触须，也将它与动态能量、创造性和破坏性力量以及雷电等同起来。

手印

最古老的图像符号之一是手印，澳大利亚昆士兰的岩画中就有这种红赭色的模板。这种身份的象征，在美国西南部的史前艺术中也可以看到，被认为代表存在、亲属关系和保护。

喷泉

喷泉在欧洲艺术中经常被用作一种寓言符号，它可能暗指一种理想品质的来源（"泉眼"），如知识或灵感。由于水从里面涌出，它与水一样具有积极的象征意义——生命、创造和治愈之源。

非 洲

引 言

另见
埃及象形文字：
法老的五个名字，
第 66-67 页
受欢迎的印度神灵，
第 106-107 页
佛教七宝，
第 116-117 页

居住在非洲的民族将其与自然环境之间的密切关系清晰地体现在艺术中，他们将在天空、陆地和海洋中看到的一切都赋予了深刻的象征意义。例如，古埃及人描绘的世界观，与他们观察到的生物就有着明显的相似之处。部落归属感、军事身份和王权等方面也同样可以通过自然符号体系来传达。古埃及象形文字和阿善提人的阿丁卡拉符号（见第 68-71 页）只是非洲复杂的符号系统中的两个，它们通过优雅的设计来表达复杂的概念，其中许多灵感都来自大自然。

象形文字符号

法老图特摩斯三世（公元前 1479—前 1425 年在位）的王位和出生姓名包含在这幅来自埃及代尔巴赫里祭庙哈特谢普苏特浮雕的象形文字中。图中左上方的猎鹰代表了法老的荷鲁斯之名（见第 66 页）。在右下角可以看到"赐予永生"这个词组。

塔沃瑞特

  古埃及的准妈妈们寻求孕妇的保护神塔沃瑞特的保护。她的形象以因怀孕而凸起的肚子、下垂的乳房为主要特征，而身体的主要原型是河马，因为这种动物会积极地保护自己的后代。而她同时也有鳄鱼尾巴和狮爪，这些进一步象征了她的凶猛。

大象

  由于智慧、长寿、体形、力量和缺乏天敌（除了人类）等特性，大象在整个非洲受到钦佩、敬畏和尊重，并由此被尊为酋长和国王。因此，在非洲艺术中，大象象征着明智的、有同情心且又强大的领导者。

桑科法

  桑科法图案是阿善提人的阿丁格拉符号之一。它描绘了一只扭头去取蛋的鸟，所传达的信息是"回去取"，暗示着通往成果丰硕的未来的关键在于回到过去。

"赐予永生"

  五个象形文字拼出了埃及艺术中经常出现的与法老有关的词组："赐予永生"。三角形的象形文字（意为"赐予"）代表一条圆锥形的面包；安卡或环形十字架表示"生命"；而表示"永远"的象形文字则由条状的眼镜蛇、面包和大地代表。

神圣符号

约鲁巴神灵

另见
托尔的锤子，
第25页

西非约鲁巴人崇敬的神灵被统称为奥里莎（意为"神"）。虽然有许多奥里莎，但在艺术中并不是所有都被描绘出来，而且与他们相关的符号也不固定，反映了他们常见却复杂的特征。描绘最多的是那些代表各种自然力量的神，或具有原型意义的神，如喜怒无常的风暴神尚戈、母神叶玛亚、战神奥贡、狩猎神奥西西和爱情女神奥顺。

奥顺

奥顺是尚戈的三位妻子之一，人们常把她与尼日利亚的奥顺河联系起来，因此她与淡水有关。不过，她主要被尊为性爱和美丽女神，这就是为什么她可能由一面手镜来象征。

阳刚之气和暴力

在这件来自西非贝宁共和国的工艺品中，对尚戈的双头斧风格化的诠释占据了主导地位。尚戈被认为是一个极具男子气概和生育能力的神（他也是双胞胎的保护者），他的男性祭司可能会打扮成女性来平衡他的阳刚之气。

尚戈

暴力的尚戈曾经是奥约的一位好战、无情的魔法师国王，他死后被神化为约鲁巴的雷电之神。他的主要标志是双头斧，象征着他向地球上引起他愤怒的人投掷的雷电。

叶玛亚

作为许多神灵的母亲，叶玛亚是母性的神圣代表，也是奥贡河的代表，这就是为什么她与水和肥沃尤其相关。因此，她可以用鱼的尾巴或母亲的标志来象征，如一对丰满的乳房。

奥贡

奥贡是与战争和牺牲有关的神灵，也是与铁和钢有关的神灵，传统的约鲁巴切割武器（如刀）就是用铁和钢制成的。因此，他的形象通常是挥舞着吓人的刀或剑的神，这是他的主要象征。

奥西西

奥西西被认为是负责猎杀动物以及敌人的约鲁巴神灵。因此，奥西西最常被象征为新月形的弓和致命的尖箭，这些都是猎人的传统属性。

埃及神灵

另见
埃及王权，
第64-65页

许多符号产生的灵感来自自然界，埃及文学家和艺术家用这些符号代表他们的神灵。仰望天空，他们相信他们看到了太阳神瑞以他众多的表现形式之一穿越天空，而一只翱翔的猎鹰可能代表荷鲁斯，一对旋转的风筝代表伊西斯和她的妹妹奈芙蒂斯。作为风筝，两位女神寻找并哀悼她们的兄弟奥西里斯，奥西里斯的死亡和复活构成他自己的符号象征。伊西斯和哈托尔一样，被尊为母神，因此，两者都可以用奶牛来代表。

奥西里斯

奥西里斯被谋杀并被肢解后，他的身体部位被重新组装和防腐，于是他复活了，成为冥界或来世永存的统治者。他木乃伊化的身体象征着他对死亡的征服，他的杖、连枷和阿提夫王冠象征着他的主权。

伊西斯

伊西斯和哈托尔都戴着由太阳圆盘和一对牛角组成的头饰。左边的王座象形文字有助于确定法老霍伦海布（公元前1319—前1307年）墓中壁画上的女神是伊西斯。

瑞

瑞是埃及的太阳神，有多种形式，例如作为拉·哈拉胡提，他由一只猎鹰来代表。他最常见的标志是一个圆圈，通常是红色的，表示太阳圆盘（有时圆盘上挂着圣蛇乌赖乌斯——见第 65 页），这经常被描绘成他的头饰。

荷鲁斯

荷鲁斯是法老的象征，他是一只高高飞翔、无所不能的猎鹰，以猎鹰的形象或者是一个长着猎鹰头的人的形象出现。作为神圣王权的缩影，他戴着双冠（红白双冠）；作为拉·哈拉胡提，他的冠冕是一个太阳圆盘。

伊西斯和奈芙蒂斯

伊西斯是奥西里斯的妻子（和妹妹），也是荷鲁斯的母亲。她的名字（伊西斯的意思是"王座"）以她的头饰为象征，王座的象形文字代表（左）。奈芙蒂斯是伊西斯和奥西里斯的妹妹。她的头饰（右）代表了她名字的象形文字形式：一个篮子在围墙之上，描画出一个大的住宅，拼写出"女主人"。

哈托尔

哈托尔被尊为母神，因此主要由一头孕育、产奶的牛来代表。这种牛的符号体系往往被简化为一个牛角头饰，里面有一个太阳圆盘（伊西斯也可以用），这两位埃及女神在不同的神话传统中都被认为是荷鲁斯的母亲。

埃及神灵

另见
西布莉，
第 171 页

在古埃及《亡灵书》中，最常出现的场景之一是心灵审判的仪式。在奥西里斯的审判大厅中，出现的神灵有众神的文书透特、死神阿努比斯和真理与正义女神玛阿特。这些神灵以及其他许多神灵的主要象征都来自大自然，因为古埃及人特别倾向于看到生活在他们世界中的生物与居住在神界的生物之间的象征性联系。

玛阿特

玛阿特是宇宙秩序与和谐、正义与真理的女神，由她经常戴在头上的一根鸵鸟羽毛代表。她的存在也可以单独用羽毛来象征，例如，在心灵审判的仪式中，羽毛象征着真理。

心灵审判的仪式

这个详细的场景来自第三中间时期（公元前 1070—前 712 年）的一个彩绘木箱，显示了阿努比斯在称量死者的心脏时用小小的、戴着羽毛冠的玛阿特进行了衡量。长有鹭鸶头的透特记录了结果，因为死者在登上王位的拉·哈拉胡提面前被"证明"了善恶。

阿努比斯

　　阿努比斯是墓地之神，他的象征是一只黑豹或狗，因为犬类经常出入墓地，人们认为他可以保护埃及人的坟墓不被食腐动物破坏。作为一个灵媒（见第248页），阿努比斯还带领死者前往奥西里斯的审判庭。

透特

　　透特是月亮、智慧、知识、测量和文书之神，由两种生物象征：狒狒和朱鹭。他的头冠由一个满月圆盘和一轮新月组成，强调了他与月球的联系，他也经常被描绘成带有文书装备的形象。

塞赫美特

　　战争女神和疾病使者塞赫美特（"强大的人"）由一头母狮代表。这个狮子的形态象征着她野蛮的侵略性，也象征着她与炽热的太阳之间的联系，因为金狮子被认为是太阳生物，而塞赫美特被认为是瑞的女儿（或"眼睛"）。

赫普里

　　埃及人将蜣螂推的粪球与太阳在天空中的运动相提并论，从粪球中钻出的小蜣螂使得人们将其与太阳黎明时的样子相提并论。因此，圣甲虫象征着赫普里，太阳神在早晨的表现形式。

埃及神圣符号

另见

第三只眼，

第 123 页

凯尔特十字架，

第 174 页

在埃及艺术中出现频率最高的符号是那些同时表示人类最基本和最重要概念的符号：生命、健康、繁荣和永恒。以安卡、荷鲁斯之眼、瓦斯权杖和绳环为代表，这些符号被认为具有强大的魔法特性。当它们被制成护身符时，可以戴在身上或随身携带，也可以与死者一起埋葬，希望它们能帮助死者复活，使他们在复活后永远过上无忧无虑的生活。

安卡

安卡象征着永恒的生命。虽然有些人认为它的形状是一把钥匙，有些人认为它是一条凉鞋带，但椭圆形和T形十字架的组合可能代表了女性和男性原则的融合，或代表伊西斯和奥西里斯的结合以及对死亡的征服。

生命和力量

科姆翁博的索贝克和哈罗里斯神庙的装饰浮雕上，安卡被赋予了一对有用的手臂，用来抓握两根瓦斯权杖，这个细节可以追溯到托勒密王朝（公元前304—前30年）。权杖的顶端强调了它们与动物头颅的联系。

荷鲁斯之眼

荷鲁斯之眼（又称乌加特之眼）可以被描绘成左眼或右眼。虽然两者都代表了神圣的荷鲁斯猎鹰的全知之眼，但左眼象征着月亮，右眼象征着太阳。乌加特之眼象征着治疗、力量、完整和完美，并被认为可以抵御邪恶。

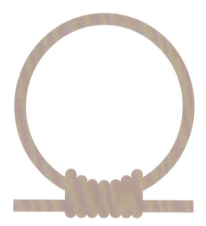

绳环

由于没有开始或结束，所以绳环象征着生与死的永恒循环，或无限。与环相邻的水平带可能代表绳结的两端，环是由绳结形成的，而其中央的圆形形状使绳环具有积极的、保护太阳的含义。

瓦斯权杖

埃及众神的形象是手持瓦斯权杖，这种杖在神的手中发出的符号信息主要是"权力"或"统治权"，另外还象征着繁荣和幸福。杖的顶部有棱角，底部呈叉状，可能是根据动物的头和腿设计的。

埃及的神圣符号

另见

莲花，

第 113 页、123 页

莲花脉轮，

第 140 页

埃及艺术中常见的许多符号元素不仅是为了肯定，而且是为了神奇地唤起统一、和谐和稳定的原则，这些原则被认为对法老的王国和他的人民的成功和福祉至关重要。因此，像莲花和纸莎草这样的自然符号被赋予了一层又一层的意义（无论是单独的还是配对的），而更多的符号——例如象征上埃及和下埃及统一的图案（sema-tawy）和节德柱（代表奥西里斯的脊椎）——则演变为表达与二元性和永久性相关的深刻概念。

重生到来世

生活在第十九王朝（公元前 1307—前 1196 年）的卡贝肯特和他妻子的双人画像被画在他的木制石棺上。在荷鲁斯之眼的注视下，这对夫妇很高兴，并被突出描绘的象征着重生的莲花所装饰。

莲花

由于美丽芬芳的蓝莲花扎根于浑浊的水中，在太阳光的照射下开放，在黄昏时合上花瓣，所以它象征着生命从原始水域中出现，以及生育和复活。莲花也代表着上埃及。

纸莎草

埃及人非常重视纸莎草植株，因为以它为原材料能制作坚韧的"纸张"和各种有用的物品。据说它生长在创世的原始土丘上，并撑起了天空，它象征着繁荣的生命、健康和幸福，也象征着下埃及。

联合符号

联合符号（Sema-tawy）表示"两片土地的联合"（下埃及和上埃及），经常装饰在法老的宝座上。它的中心特征是象形文字 Sema（意为"联合"），代表一个气管和肺，在它周围纸莎草和莲花（分别代表下埃及和上埃及）被捆绑在一起。

节德柱

它最初可能是生育的象征，但节德柱（Djed）最终代表了神圣的奥西里斯的脊椎，因此也代表了稳定。在法老的庆典或葬礼上，会举行一个"举柱"仪式，普通埃及人会与节德柱一起下葬。

身份符号

另见
印第安人的盾牌，
第33页
欧洲纹章盾牌，
第33页

马赛盾牌

尽管越来越多地被视为艺术形式，但东非马赛人的战士（磨难人）所持的盾牌在传统上既起到了防御作用，又通过装饰盾牌的符号传达了许多关于持盾人的信息。到了适当的年龄，一群马赛男孩会一起接受割礼，然后证明自己有资格成为磨难人或战士。画在椭圆形水牛皮盾牌上的符号（sirata）表明了他们的磨难人地位，既表明了他们特定的年龄组和部族，也（最终）表明了他们个人的勇敢壮举。黑、白、灰用作基本颜色，红色保留给经过考验的战士。

马赛战士的标志

这面水牛皮盾牌一眼就能看出是属于马赛磨难人或战士的，它被一个贝壳线条（Sirata segira）分割开来。它上面还有一些符号，传达了关于持有者的战友、个人背景和战斗表现的信息。

贝壳线条符号

贝壳线条符号设计贯穿盾牌的中心，将其垂直一分为二，形成两个大小相等的部分。虽然图案构成和颜色各不相同，但传统上都是以象征权力和好运的子安贝为基础。

年龄组和氏族符号

属于同一年龄组或氏族的人的椭圆图案是相同的，一般在盾牌的左侧。因此，这象征着一个特定的、紧密的磨难人群体的成员身份，他们因共同的经历或血缘关系而联系在一起。

个体符号

从正面看，装饰在盾牌右侧的符号通常传递出盾牌拥有者——磨难人的信息。例如，这些符号可能意味着属于一个特定的家族团体，或者可能记录了某种令人钦佩的功绩。

非凡勇气符号

被称为非凡勇气符号（sirata el langarbwali）的红色标识或花朵图案可以比作士兵在激烈战斗中赢得的奖章，因为它代表了战斗中的非凡勇气。磨难人只有在征得首长同意的情况下才可以在盾牌上画这个符号。

埃及王权

另见
红白双冠，
第 48 页
奥西里斯，
第 54 页

在古埃及艺术中，神和凡人都占有重要位置，而在两者之间占据独特地位的是法老或国王，他被认为是荷鲁斯的神圣代表，死后则与奥西里斯等同。在众多国王的画像中，法老的身份被各种象征性的物品所区分——尤其是王冠——其中一些暗示着维持上、下埃及的和谐统一至关重要。其他皇家服饰，如尼美斯头饰、圣蛇乌赖乌斯、假胡须、弯钩和连枷以及公牛的尾巴，都象征着他神圣的统治地位。

尼美斯头饰

法老的尼美斯头饰是用硬挺的条纹亚麻布制成的，垂在肩膀前面，并在后面收拢。它的象征意义在于它与狮子的鬃毛相似，而狮子又与太阳和瑞有关。

冥界之王

国王谷的法老霍伦海布（公元前 1319—前 1307 年在位）墓中的一幅壁画中描绘着奥西里斯的木乃伊形象。这位冥界统治者戴着阿提夫王冠，握着他的弯钩和连枷，他的绿色皮肤象征着（植物的）生命和新生。

圣蛇乌赖乌斯

眼镜蛇在法老的眼睛上方直立起来，圣蛇乌赖乌斯象征着神圣的保护，随时准备向任何攻击它的人喷出剧毒。圣蛇乌赖乌斯一般代表眼镜蛇女神瓦吉特，但也可能表示瑞的眼睛。

假胡须

没有人试图把法老脸上看起来很僵硬的、绑上去的假胡须描绘成自然的胡子，因为这是他君主地位的象征。当胡须的末端弯曲时，是象征性地将国王与冥界的神圣统治者奥西里斯联系起来。

弯钩和连枷

弯钩（最初用于控制牲畜）和连枷（可能曾经作为鞭子或拂尘）是埃及王室的重要象征性部件，代表着王室的权威。此外，它们还将法老与奥西里斯联系在一起，奥西里斯是冥界的国王，他也带着这些权杖。

公牛的尾巴

在对法老的描绘中，他的腰上经常挂着一条风格化的尾巴。这代表了公牛的尾巴，旨在象征他与生俱来的动物力量、侵略性和阳刚之气，所有这些都被认为是一个经常被称为"强大的公牛"的统治者的理想品质。

符号系统

另见
荷鲁斯，
第 55 页

埃及象形文字：法老的五个名字

每位古埃及法老都有五个"官方"头衔：荷鲁斯名；两女士名；金荷鲁斯名；加冕名，即第一名字；出生名，即第二名字。虽然名字本身因人而异，但用同样的象形文字符号来表示头衔的类型，当这些头衔出现在埃及艺术中时，这些视觉标记会提醒你有一个或多个国王的名字出现。另一种识别第一名字和第二名字的方法是寻找包围它们的椭圆刻痕（shenu）。

荷鲁斯名

法老被认为是荷鲁斯神，荷鲁斯神的代表是站在一个长方形框架（塞拉赫）上的猎鹰，这个框架代表着皇家住宅的泥砖外墙和后面的墙壁。法老的荷鲁斯名写在这个塞拉赫内。

古埃及法老王的继承

在第十八王朝图坦卡蒙墓的一幅壁画中，有两对刻痕将壁画中的人物命名为图坦卡蒙（左）和他的继承人阿伊（右）。阿伊正在对图坦卡蒙的木乃伊进行开口仪式。这种仪式被认为可以恢复死者的感官。

两女士名

秃鹰和眼镜蛇的象形文字象征着涅赫贝特和瓦吉特，这两位女神分别代表着上埃及和下埃及，而他们各自所处的篮子则表示"女士"（或"领主"）。这种分组确定了法老的两女士名。

金荷鲁斯名

突出法老金荷鲁斯名的象形文字由两部分组成：一只猎鹰（象征着神圣的荷鲁斯），栖息在一个看起来很精致的凳子上。这实际上是象形文字，意思是"黄金"（可能象征太阳和不灭性）。

加冕名

芦苇和蜜蜂的象形文字表示"芦苇和蜜蜂的主人"，这相当于法老的王位名称（也被称为他的第一名字或第三名字）。芦苇象征着上埃及，而蜜蜂象征着下埃及，因此这个头衔意味着"上埃及和下埃及的国王"。

出生名

法老的出生名（或称第二名字）前面有鹅或鸭（se）和太阳（re）的象形文字，它也被称为 se-re 名。se 的意思是"儿子"，re 指太阳神瑞，所以这个双重符号表明了国王作为"瑞之子"的神性。

阿丁卡拉符号

另见
同心圆,
第 243 页

数以百计的图案构成了西非加纳阿善提人发明的阿丁卡拉符号集。它们最初被印在葬礼的布上,但后来用途更加广泛,如今被装饰在各种用品、工艺品、建筑以及节日服装的织物上。尽管一些阿丁卡拉符号的原始含义已被遗忘,但最流行的符号要么表达了普遍的原则(例如与神和死亡有关),要么以符号速记方式表达了传统谚语。

死亡阶梯

根据阿丁卡拉符号体系,死亡阶梯(Owuo atwedee)图案代表死亡的阶梯,当我们在地球上的时间结束时,它将我们从这个世界引向下一个世界。因此,它提醒我们人终有一死,并告诫我们要好好生活。

上帝的提醒

加纳库马西一个传统神殿的壁画中展示了两个阿丁卡拉符号。大概的意思是"上帝在天堂",暗示上帝会倾听并引导那些求助于他的人。

消除厄运

消除厄运（Mmusuyidee）象征着圣洁以及好运。根据一些解释，这个标志唤起了猫认真清洗身上的污垢和杂质的习惯，因此象征着纯洁、驱逐厄运和幸福。

首领

首领（Adinkrahene）意为"阿丁卡拉标志的首领"，这个图案被认为是阿丁卡拉符号中最重要的。Adinkrahene被认为启发了许多人的创作，它的主要含义是领导，它的三个同心圆暗示着酋长、传播和追随者。

时间变化

时间变化（Mmere dane）在阿丁卡拉符号语言中意味着"时间在变化"。镜像三角形元素让人联想到测量时间的沙漏，而连接它们的圆圈则代表着不断移动的、永恒的时间循环，它告诫人们没有什么是静止的或保持不变的。

除了上帝

最受欢迎的阿丁卡拉符号之一是 Gye Nyame，它的意思是"除了上帝"，并暗示那些看到它的人，一个人在生活中不应该害怕任何东西，"除了上帝"。因此，这个图案表示上帝的绝对全能和完全至上。

阿丁卡拉符号

另见
圣安德烈，
第 185 页
白羊座，
第 219 页

熟悉谚语、故事和它们所产生的概念的人都知道，阿丁卡拉符号不仅仅是装饰性的设计，而且是有意义的信息和关于如何过上最好的生活的合理建议的来源。然而，一些阿丁卡拉符号十分风格化，以至于没有经验的人很难猜测它们可能意味着什么，特别是当利用它们的形状时。然而，更有代表性的符号解释起来更容易——如木梳符（duafe），其梳子的轮廓很容易辨认。

祭祀用的梳子

左图中的木梳被认为是在阿善提人的葬礼仪式中使用的，它与符号 duafe 之间的联系是明确无误的。梳手柄中央的人脸让人联想到阿库巴人像，这是一个象征生育的符号。

上帝永生

带有四个椭圆形端点的十字架的阿丁卡符号被称为 Nyame nnwu na mawu，它传达的信息是"上帝永远不会死，所以我也不会死"。因此，它意味着不朽，上帝以及那些相信上帝的人的灵魂的不朽。

公羊角

Dwennimmen 即公羊角设计，描绘了两对卷曲的公羊角，包围着一片白色的空间。由于公羊用它们的角战斗，dwennimmen 让人联想到攻击性，然而羊角有可能陷入僵局，也会服从于人类，所以谦逊是信息的核心所在。

木梳

Duafe 代表阿善提妇女使用的木梳。因此，它象征着传统上珍贵的女性品质，如对自己的外表、良好的仪容和美丽感到自豪，以及更深刻的"女性"美德，如无私和照顾他人。

母鸡腿

Akoko nan 的意思是"母鸡的腿"，这个阿丁卡拉符号完整的传统说法是"母鸡可能会把小鸡压在脚下，但她不会杀死它们"。因此，它表达了父母需要坚定，但也要有爱心。

美 洲

另见

平原印第安战士符号，
第86-87页
宇宙和自然界，
第10-11页

引 言

自然形式和符号在美洲的各种艺术形式中占主导地位，反映了人类在历史上与环境的整体联系。虽然霍皮人和玛雅人等农学家的艺术中出现了庄稼和雨水的风格化表现形式，但阿兹台克人和大平原印第安人这样的战士和猎人认同动物侵略者，因此将它们作为标志，并赋予它们一种精神上的存在，这与伏都教的符印相似（见第82页）。生物也可以是部族身份的标志（如西北海岸的徽章），在装饰符号系统和实用符号系统中具有很强的特色。

保护力量

1865年左右，一位希多特萨（平原）战士在他的鹿皮盾牌罩上画了一只威风凛凛的灰熊，希望利用可怕的野兽所象征的保护力量。悬挂在盾牌上的鹰羽象征着阳光，以及鹰的力量和勇敢。

乌鸦之母克奇那

或称乌鸦妈妈，被认为是所有克奇那神的母神，北美洲西南部霍皮人则视为其助手的神灵。她主要以戴有绿松石头饰，两边是乌鸦翅膀的面具和玩偶为象征。

玉米

在中美洲，玉米作为一种主食供应作物具有重要的意义，以至于人们认为这个生命和繁荣的普遍象征具有神圣的地位。例如，许多关于玛雅玉米神（通常为男性）的描述都将这种谷物的穗子或棒芯融入人类特征或头饰中。

熊

像美国西北海岸原住民艺术中的大多数氏族动物一样，熊的耳朵长在头顶上。它也有大脚掌和爪子、许多牙齿以及突出的舌头。熊象征着力量和技能，不管是在狩猎还是家务方面。

兔子

兔子代表了20天名称周期中的第8天（托奇特利），是构成阿兹台克260天日历的一部分。在中美洲，兔子尤其与月亮和龙舌兰酒（一种酒精饮料，其浑浊的外观让人联想到牛奶、生育和母性）有关。

神圣符号

纳瓦霍 "耶"

另见

旋转的木头，

第 91 页

彩虹，

第 29 页

纳瓦霍人的圣人 "耶"，被描绘在沙画或干画中（见第 248 页），这些画是专门为治疗或协调仪式（如 Holyway）创作的。这些画按照规定的模式和原则创作，既是神圣的（因为它们充当了 "耶" 的容器），又是短暂的，在仪式最终完成后被销毁。今天，这些图像的更永久的、非神圣的近似物被编织在毯子上，使非纳瓦霍人了解到 "耶" 的功能和象征意义。这些神灵由风格化、静态、正面的人类形态来表现，身体长而直。

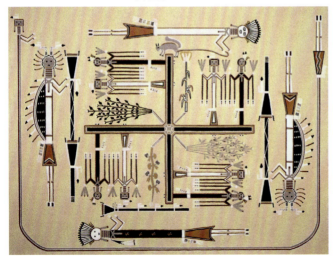

旋转的木头

在这幅纳瓦霍沙画设计中，有四对男性 "耶" 和女性 "耶"，以 "旋转的木头" 故事为依据，通常是为 "夜行圣歌" 创作的。此外，还可以看到彩虹女神和说话的神（显示在顶部，拿着他的松鼠皮袋）。

会说话的神

会说话的神或轻声说话的人（Hastseyalti）是一个与东方、黎明和玉米有关的领头"耶"，在"夜行圣歌"中占有突出的地位。这个守护神有一张白色的脸，一个象征着领导地位的直立羽毛头饰，以及一个装有玉米花粉的松鼠皮袋。

男性"耶"

圆头是男性"耶"与女性"耶"的典型区别（两种性别的"耶"都可能穿着裙子）。象征男性精神的其他特征包括使用黑色和黄色以及描绘装饰性的闪电或弯曲的线条。

女性"耶"

在纳瓦霍人的沙画和编织品中，通常可以通过其方形或长方形的头颅来识别女性"耶"。此外，用来象征这些女性形象的颜色主要是蓝色和白色，而直线可能是用来装饰的。

彩虹女神

在纳瓦霍艺术中，彩虹女神包围着其他"耶"，形成一个三面的"框架"，缺口（或"精神裂缝"）在东方或顶部。这位守护女神象征着"耶"的天地之路，并以修长的、多色的身体示人。

霍皮人克奇那

另见
水牛，
第 87 页

北美洲西南部的农学家霍皮人相信，从冬至到夏至，有多达 300 个克奇那（自然和富饶的降雨神灵）与他们生活在一起。在此期间，他们会表演仪式性的舞蹈，他们的模仿者和通灵者所戴的面具和所穿的服装象征着神灵的存在。用于标识每个克奇那的符号和属性——在他们的石板或头饰上最为明显——在木棉根克奇那玩偶上重现，这些玩偶传统上被送给霍皮族儿童作为学习的辅助工具，现在正迅速成为一种艺术形式。

祖尼克奇那娃娃

克奇那并不是霍皮族的专利，对其他普韦布洛人也很重要。这个造型复杂的祖尼克奇那娃娃大约制作于 1915 年，由木材、油漆、生皮和其他材料制成。其有角的头部表明这个克奇那娃娃代表的是一头水牛。

太阳克奇那

塔瓦（或太阳）克奇那被认为是太阳的神灵，因此表示温暖、光明和幸福。他的羽毛边缘的圆形头饰象征着太阳光辐射的太阳圆盘。这个圆的下半部分被涂成天蓝色，而上半部分由阳光充足的红色和黄色四分之一圆组成。

蝴蝶少女

虽然有些人认为帕尔希克－玛娜（蝴蝶少女）根本不是克奇那，而是一个仪式舞者，但她戴有"尊敬神灵"（克奇那）的头饰。象征蝴蝶和玉米的符号（两者都表示肥沃和生命）可能会装饰在头饰上，其形状暗指雨云。

鹰克奇那

Kwahu（或鹰）克奇那的服装包括一对鹰羽翅膀，一个带黄色喙的绿松石面具和一个羽毛头饰。鹰受到霍皮人的珍视和尊重，被认为能在人类和神灵之间传递信息。

白水牛克奇那

莫萨伊鲁（或白水牛）克奇那头上戴着一对弯曲的水牛角，而他白色镶边的头饰和服装让人联想到兽皮。由于白水牛很罕见，它们被认为是神圣的生命，因此象征着福气或好运。

阿兹台克神灵

另见

羽蛇神，

第93页

阿斯克勒庇俄斯之杖，

第29页

在被西班牙征服者摧毁之前，阿兹台克文明盛行于中美洲，他们从其祖先，特别是玛雅人那里继承了许多神灵。尽管众神的集体和个人特征反映了阿兹台克社会的关注和理想，但代表他们的许多符号标志既来自以前的万神殿，也来自自然界。事实上，虽然阿兹台克艺术往往高度风格化，但在现存的雕像、工艺品和带插图的抄本中也不难发现，例如羽毛状和蛇状的图案有助于识别和定义他们的神。

索奇奎特萨尔

格查尔鸟的猩红色和绿色羽毛作为美的自然符号受到高度重视。这种精致的鸟是索奇奎特萨尔（"羽花"）的代表，她是爱和生育的女神，是女性特质的缩影。在常见的描述中，索奇奎特萨尔戴着装饰有格查尔羽毛的头饰。

穿蛇裙的女神

在墨西哥提瓦坎发现的阿兹台克人的科亚特利库埃的雕像中可以明显看出，交织的响尾蛇构成了她的裙子。她的骷髅脸和下垂的乳房进一步强调了作为"蛇裙女神"的地位，她象征着死亡和出生。

魁札尔科亚特尔

魁札尔科亚特尔可被翻译为"羽蛇神",所述的羽毛是格查尔鸟的羽毛。因此,这位"好"神(与天空和生育有关)常常被象征为一条蜿蜒的蛇,蛇身上有长长的、亮绿色的雄性格查尔的尾羽,非常引人注目。

威齐洛波契特里

阿兹台克人最重要的神是威齐洛波契特里,他的名字意味着"左蜂鸟"或"南蜂鸟"。虽然这位太阳神和战神可以表现为一只金鹰,但他却戴着蜂鸟头饰——好斗的、尖喙的蜂鸟是阿兹台克人好战的象征。

科亚特利库埃

穿蛇裙的女神科亚特利库埃,是在被谋杀的时候生下威齐洛波契特里的母神。这位残疾女神的裙子由蜕皮的蛇组成,象征着(科亚特利库埃的)死亡和(威齐洛波契特里的)出生或再生。

其他中美洲神灵

另见

美洲虎冥神，

第 89 页

美洲虎战士团，

第 89 页

中美洲各民族所敬仰的神的个性特征反映了其崇拜者的不同关注点。由于对土地的肥力和玉米的生长特别感兴趣，玛雅人特别重视的神灵包括雨神恰克。阿兹台克人也有这些基本的关注点，因此在他们自己的万神殿中延续了这些神灵的某些特征，但其文明的好战性在他们许多神灵的军事特征中显而易见，在抄本艺术中，这些神灵以一种非常复杂和动态的风格被描绘出来。

阿兹台克雨神

通过美洲虎般的尖牙和硕大的眼睛，我们认出了阿兹台克彩色陶瓷花瓶上向外凝视着的那张脸是雨神特拉洛克。他被当作"供应者"来崇拜，人们认为他住在特诺奇蒂特兰的大神庙的山顶上，并在那里受到崇拜。

马尼金权杖

被称为 Manikin Sceptre 的玛雅神（或 K 神、GII）最初可能代表闪电，但后来象征着神圣的统治权。猪嘴、蛇腿，除此之外皆为人类，其微小版本由统治者持有。

特拉罗克

特拉罗克是阿兹台克人的雨神，他有一双硕大的圆形眼睛且长着长而尖的獠牙，与大猫的联系可能是因为美洲虎的咆哮声与雷的轰鸣声相似。雷和闪电也可以分别由特拉罗克携带的战斧和蛇来象征。

修特库特利和修科特尔

中美洲火神修特库特利的主要属性是修科特尔火蛇，即绿松石之蛇（修特库特利也将其作为武器挥舞）。修科特尔是火和太阳光的象征，拥有一个蛇头和一个分段的身体。

泰兹卡特里波卡

泰兹卡特里波卡的意思是"烟雾镜"，这是中美洲巫术之神的属性，象征着他异常的洞察力。泰兹卡特里波卡将这面用黑曜石打磨而成的圆形魔镜戴在脑后（有时也用来代替他的一只脚）。

伏都教罗亚

另见
圣母七苦，
第 183 页

伏都教以及相关的宗教信仰，如萨泰里阿教和马库姆巴教，在非洲人作为奴隶生活的美洲，特别是在美国路易斯安那州的新奥尔良和海地、多米尼加、巴西等国逐渐发展起来。由于大多数奴隶是从西非运来的，伏都教的传统植根于该地区，同时也融合了其他信仰的元素，如罗马天主教。伏都教承认数以百计的神灵，或罗亚（最高神与人类的中间人）。在伏都教的仪式上，通过画个人符号（魔符）来召唤罗亚的存在；展示的一些魔符，在艺术中越来越多地被引用。

爱斯利·丹托尔

海地艺术家安德烈·皮埃尔1978 年的画作《伏都教女王——爱斯利·丹托尔夫人》，描绘了爱斯利黑暗的一面。她的心形首字母装饰在她的胸前，而她的魔符——一颗被剑刺穿的心，在她的脚下清晰可见。

雷鸟

　　神话中的雷鸟象征着终极的天空神灵和战士的"力量"生物。神话通常描绘它的侧面，有时呈沙漏状，尾部的羽毛呈扇形，翅膀张开，喙部弯曲，它是如此巨大，以至于当它扇动翅膀时，雷声隆隆，闪电也从它的眼睛里闪现。

熊掌

　　熊的力量、体形和凶猛使它成为平原地区战士们青睐的"力量"动物。通过在水牛皮盾牌和盾牌罩上画熊掌，战士们象征性地召唤熊的精神存在、力量和在战斗中的保护，并从中受益。

水牛

　　水牛不仅为战士们的水牛袍和盾牌提供了皮料（上面绘有战功或保护性的"权力"符号），而且作为一种狩猎动物和力量、富足及智慧的象征，它本身也被描绘成象形文字或框边图案。

羽毛圆圈

　　在平原地区与战士有关的艺术中，经常可以看到由风格化的羽毛组成的圆圈。虽然它的圆形和放射状的图案表示太阳，但羽毛却有各种符号意义。作为鹰的羽毛，它们可能意味着与更高的神灵沟通，对天空的掌控、保护和一顶有羽毛的战争"帽子"。

阿兹台克人的军事身份符号

另见
罗马军团标志，
第 33 页
鹰和雷电，
第 163 页

现存的浮雕和手抄本上全副武装、身披铠甲的人，证明了复杂的中美洲战士文化。特别引人注目的是，爬行动物和鸟类的形态都很突出，尤其是蛇（作为风格化的武器和头盔出现）、美洲虎和鹰，这是阿兹台克美洲虎（或老虎）和雄鹰骑士各自的标志。所有捕食者在战争中都有额外的象征意义。例如，蛇象征着闪电和火焰，美洲虎象征着夜间对大地和太阳的控制，而雄鹰则是对天空和白天太阳的支配。

战蛇

在玛雅艺术中，战蛇与武器一起出现，或作为战士的头饰或头盔的一部分。它拥有蛇的鳞片状皮肤，黑而圆的眼睛以及可怕的美洲虎牙齿，表示攻击性和伤害、杀戮的能力。

雄鹰骑士

这面阿兹台克木鼓上雕刻了一个雄鹰骑士的风格化形象。仔细观察，你会发现一个男人的头被鹰的喙（他的头盔）框住了，他的手和脚突出在鹰的翅膀上面和下面。

美洲虎冥神

夜间活动的美洲虎因其锋利的爪子和牙齿以及掠夺者的天性而令人恐惧，在中美洲人的心目中，它们也与冥界的死亡有关。因此，玛雅美洲虎冥神（和夜间太阳）的形象——以完整的美洲虎形态或类似美洲虎的面部特征——象征着致命的凶猛。

雄鹰战士团

在阿兹台克人的眼中，这种翱翔天际、目光锐利、喙形狰狞、爪子锋利的鹰是天空之王，而且将其等同于白天的太阳。因此，这种强大的鸟是象征阿兹台克战士团的自然选择，其成员可以被描绘成戴着有喙的头盔，穿着类似羽翼的盔甲。

美洲虎战士团

作为中美洲的"顶级猫科动物"，美洲虎代表着领主地位。它是强壮、熟练、残忍的猎手，常与身体的优越性和死亡联系在一起，因此美洲虎也被赋予了象征性的地位，成为高贵的阿兹台克战士团的守护者。

符号系统

另见

旋转的木头，
第 74 页
万字符，
第 111 页

西南部符号系统

美国西南部是普韦布洛人、霍皮人、纳瓦霍人、阿帕切人和祖尼人等的故乡，当地的艺术传统包括沙画、篮子、纺织物和陶器。在这些艺术形式中，没有复杂的细节，相反，他们依靠简单的符号图案来传达抽象的概念或叙述。由于严重依赖变幻莫测的天气，西南地区的人们对自然周期以及天空中存在的一切有一种特殊的认识，这就是为什么恒星、太阳和气象符号在他们的艺术中占有突出地位的原因。

太阳

西南地区的太阳通常用一个圆圈（太阳圆盘）来象征，从圆圈向外可以看到四组射线状的线条向北、南、东和西伸展（如上图中的 Zia 符号）。这样的图案也代表了中心和四个基本方向。

霍皮族的克奇那

弗雷德·卡博蒂（Fred Kabotie）画的霍皮族克奇那充满了符号细节，例如右下方的圆形图像表示太阳克奇那。人们相信克奇那会带来雨水，这就是为什么这个人物头顶上的复合符号代表着雨云和雨水。

晨星

四角星通常是阿帕切人编织物的中心焦点。在西南地区的符号系统中，星星通常代表着神灵，而晨星（黎明时分地球上可见的最亮的星星）在该地区美洲原住民的神圣传统中具有特殊意义。

旋转的木头

一个末端是钩状的四臂十字架是西南地区艺术中常见的图案，它可能有许多名称（旋转的木头是其中之一）和含义，通常与太阳、宇宙或水有关。大多数象征着与运动和动态循环有关的概念。

雨云

雨云可能被描绘成一个金字塔形的半圆形集合体，从中伸出锯齿状的线条，表示降雨前经常出现的闪电。根据普韦布洛人的信仰，云是死去的有价值的人的灵魂（或气息）。

雨水

雨水对于干旱的西南地区的人们至关重要，没有雨水，庄稼就无法生长。降雨可以用一个半圆形（代表云）来象征，从其基线上伸出一系列短线（代表雨）。

雪

在西南地区的艺术中，经常用来象征降雪的图案包括一个由点组成的金字塔，这是一个简单而优雅的表达方式，即雪花堆积到地面上。

西南地区的符号系统

另见
袋鼠的足迹，
第 236 页

栖息在美国西南部的动物通常对与它们共享栖息地的人们来说非常重要，即使它们的意义仅限于它们所带来的危险，或者作为食物、衣服来源的作用。然而，大多数都有更深刻的象征意义，这就是为什么它们在这个地区的美洲原住民艺术中反复出现。这里选择的符号，可以在篮筐编织品、纺织品和陶器上看到，以一种简约、易懂和雄辩的形式唤起了这些生物存在的记忆。

蛇和闪电

蛇身和闪电的形状相似，这就是为什么两者都可以用一条锯齿状的线来象征，顶端是一个三角形的头。这个符号一般代表水、雨和生育力。

一碗祝福

西南地区特有的线条艺术将一个简单的碗变成了一件优雅的艺术品。这件多色工艺品的年代在 1375—1475 年，是在新墨西哥州祖尼镇的哈瓦库村（Hawikku）发现的。装饰在碗上的鹦鹉可能象征着富裕或夏天。

鹿的足迹

鹿在传统上为西南地区的美洲原住民提供了肉做食物，鹿皮做衣服，因此可能代表着生计、福祉和安全。在西南地区的艺术中，鹿或其行进的方向可以通过其独特的偶蹄足迹来象征。

羽蛇神

羽蛇神，如科洛维西（Kolowisi）和阿凡尤（Avanyu），在美国西南部的原住民艺术中以具有起伏的蛇形身体（代表水）和带有羽毛冠或角的头（通常表示天空）的生物形式出现。这种混合蛇可能代表风暴和季节性变化。

狼的踪迹

西南民族对狼的看法是矛盾的，因为一方面它们可能会捕食人类，另一方面，它们的狩猎能力又让人敬佩。通常用来象征狼的图案是狼的爪印。

鹦鹉

表示鹦鹉（见上图）的图案基本上由一个三角形组成，该三角形顶部在一端延伸为一条弧线，在另一端延伸为一条直线，描述了鸟的身体、喙和尾巴。鹦鹉象征着太阳、夏天和繁荣。

阿兹台克的托纳尔波瓦利历

另见

水，第 11 页

阿兹台克的日名

从 15 或 16 世纪的《博吉亚法典》中的细节可以看出，四个图像字符描绘了头骨、水流、燧石和狗，象征着阿兹台克的日名米基斯特利、阿特尔、特克帕特尔和伊斯昆特利。

几千年来，中美洲一直在使用各种历法，其中最重要、最广泛的是 260 天历法（阿兹台克人称之为托纳尔波瓦利历）。260 天历法由两个相互交织的周期组成，包括 20 个日名和 13 个日号，对于占卜具有特殊的意义，因为 20 个日名中的每一个都有不同的象征意义——有些是吉利的，有些是不吉利的，导致幸运和不幸的日子。代表托纳尔波瓦利历各个组成部分的图像字符（其中几个象征着日名的图像字符在此介绍）被刻在石头上，并存于手抄本中。

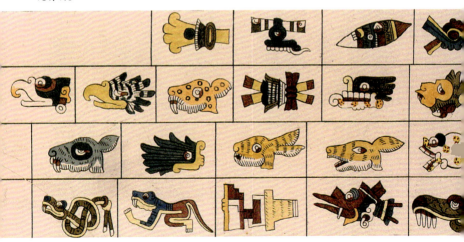

死亡

代表死亡的图像字符，即阿兹台克260天历法日名中的第六天（米基斯特利），以人类头骨的形式出现，这是死亡的普遍象征——当肉体腐烂后，人的头部就只剩下头骨了。在这一天出生预示着短命。

水

阿兹台克人将20天中的第九天（阿特尔）定为水日，从象征水的图像字符中可以看出水的流动。水对农业非常重要，因此对人民的福祉也非常重要，阿特尔是一个吉祥的日子。

燧石

燧石被阿兹台克人赋予了神圣的地位，因为它的硬度、锋利性和产生火星的能力。它在日常生活中的多功能性和实用性有助于解释为什么燧石在阿兹台克人的20日名周期中象征着第18天（特克帕特尔）。

狗

伊斯昆特利是阿兹台克20日名周期中的第十天，其象征符号是狗。犬类的忠诚度和作为食腐动物的能力令人钦佩，也许更重要的是，它们被高度评价并视为灵媒，被认为在死后能引导主人进入冥界。

亚 洲

另见
印度教三相神，
第 104-105 页
中国的太极符号
和八卦图，
第 148-151 页

引 言

　　一些关于神圣和社会信仰、秩序和财富的最复杂的体系是在亚洲发展起来的，而表达这些体系的艺术在任何地方都是最有说服力和最优雅的。从古代美索不达米亚、印度教、佛教、道教和神道教充满活力的万神殿和超自然生物，到犹太教和伊斯兰教的一神论，深刻的信仰体现在符号丰富的艺术中，其范围从令人难以置信的复杂到令人惊叹的简单。当日本人把身份的象征变成一种艺术形式（称为纹章）时，中国人则完善了用最简单的符号传达宏观和微观思想的艺术。

亚述的守护者

　　公元前 8 世纪的亚述石膏浮雕上，一个杂交的拉马苏形象傲然挺立。它是一种避邪的保护标志，由牛身、鹰翅和人头组成，旨在传达权力、不朽的力量和权威。

俱利摩

俱利摩是印度教毗湿奴降世时的第二个化身。俱利摩的形象是半人半龟，腰部以上是人，但下半身是龟，以便在神灵搅动海洋以取得长生不老的甘露时更好地支撑曼陀罗山。

竹纹纹章

日本纹章，采取的是一个圆圈的形式（最初是一个太阳符号），其中包含一个具有积极意义的植物、动物或物体的风格化描绘。例如，上图中的竹子（sho）象征着长寿和坚韧。

太极和八卦护身符

由八卦图围成的太极（或阴阳）图象征着阴阳之间的相互作用，阴阳是中国传统信仰中的两种基本宇宙能量。这个符号被认为是防止有害影响，包括"五毒"的最有效的符咒之一。

拉马苏

在古代美索不达米亚，描绘拉马苏的石质浮雕被置放在城门和门口，以保护里面的人免受伤害。拉马苏是一种具有牛身、鸟翼和人头的混合生物，代表力量、超自然和至高无上的权力。

神圣符号

另见

龙，

第 229 页

宙斯 / 朱庇特，

第 165 页

美索不达米亚的神灵

西南亚美索不达米亚地区的古代苏美尔、巴比伦和亚述文明以一种庄重而生动的风格描绘了他们对宇宙的复杂（和相关）愿景，这在现存的浮雕、雕像、壁画和其他艺术品中表现得很明显。这种集体愿景的重要元素包括象征宇宙和自然力量的神灵、保护底格里斯河和幼发拉底河的自然补给的守护神，以及人类对农业艺术的了解，这些对于土地保持肥沃、适于耕种并因此多产是至关重要的。

神圣的亚述人符号

亚述石碑（石板）上雕刻着一位权威人物的头部两侧，有一组代表亚述诸神的符号。人们认为这个人物是国王阿达德尼拉里三世（公元前 811—前 782 年在位），上面的符号包括伊什塔尔的星星和马尔杜克的铲子 "marru"。

伊南娜 / 伊什塔尔

八角星象征着苏美尔女神伊南娜（她在巴比伦和亚述的对应名称是伊什塔尔），她是性爱和战争女神。她们经常佩戴一个星星头饰，代表金星，这颗最明亮的星也是她们所象征的行星。

马尔杜克

马尔杜克有掀起风暴的能力，但作为巴比伦的城隍爷和守护神，他战胜了提亚马特，创造了天空、大地和人类，尤其受人尊敬。他的特征之一是一个三角形的铲子，象征着他教给人类的农业实践。

提亚玛特

根据巴比伦故事《埃奴玛·埃里什》，提亚玛特是可怕的咸水母神，在她的丈夫淡水神阿卜苏被谋杀后与马尔杜克展开了斗争。提亚玛特本身就是原始混乱的象征，她被描绘成一个看起来很凶猛的龙或蛇的混合体。

阿达德

阿达德（又称哈达德或伊西库尔）是美索不达米亚的天神，拥有降雨和带来风暴的能力，在艺术作品中被描绘成挥舞着一根三齿的双头杖的形象。这象征着闪电或雷电，因此也标志着阿达德的权威和他用致命武器进行破坏的能力。

犹太教的神圣符号

另见

灯台，第103页

撒拉弗、基路冰和
基路伯，

第195页

下面几页中出现的一些犹太符号在基督教艺术中也能看到，因为基督教不仅是一个"有书的宗教"（他们共同的"书"是《旧约》），而且它在传统上比犹太教更不喜欢表现性艺术。例如，你可以在描绘摩西的西方绘画中认出十诫碑，或者看到摩西的兄弟亚伦（第一位大祭司）所穿的带有突出胸甲的以弗得。虽然这些物品可以被视为摩西和亚伦的特征，但它们本身就具有象征意义。

摩西和亚伦

许多犹太神圣的符号被画入了这幅18世纪文本的插图页面。其中包括亚伦所穿的以弗得（左）和摩西所持的十诫碑（右）。此外，还可以看到一个灯台和约柜。

十诫碑

　　十诫碑象征着上帝在以色列人逃离埃及后与他们重新立约。在西奈山上将十诫碑交给以色列人的领袖摩西之前，上帝先在一对石碑上刻下了十诫（用希伯来文），所以它们也代表了上帝的律法。

以弗得

　　以弗得是古代犹太教大祭司穿的衣服。它最引人注目也最有象征意义的元素是胸甲，上面镶嵌着 12 颗宝石，每颗宝石都分别刻有以色列 12 个部落的名字。因此，它代表了"以色列的子民"。

约柜

　　自耶路撒冷第一圣殿被毁后，作为上帝存在的神圣象征，约柜就一直被隐藏着。据描述，它是一个镀金的木匣子，里面装着十诫碑（完整的第二套和第一套的碎片），顶上有两尊基路伯（天使）。

四字神名

　　四个希伯来字母——相当于 Y、H、W 和 H——拼出了一个犹太人无法说出的神圣的名字（尽管非犹太人可以将其发音为"雅威"或"耶和华"）：上帝的名字。这个"名字"（ha-shem）的符号，称为四字神名，构成了护身符的核心。

犹太教的神圣符号

另见
右旋螺，
第 115 页
圣书，
第 23 页

上帝吩咐摩西说："你不可为自己造任何雕像，也不可雕刻天上的、地下的、水里的任何东西"（《出埃及记》），这一禁令在犹太艺术中得到体现。因此，虽然没有对生物的自然描写，但代表神秘概念的符号可能密布在卡巴拉文本中；这里转载了一些。其中一个——戴维之星——已经成为犹太教的标志，以至于它是犹太人身份的主要象征，事实上，它也出现在以色列国旗上。

神圣的枝状大烛台

约瑟夫·阿萨尔法蒂（Joseph Assarfati）于 1299 年在西班牙为一份希伯来语手稿创作了这个华丽的烛台。一个金色的烛台曾经在耶路撒冷的圣殿中持续燃烧，这要归功于橄榄油的定期供应，也许这里的两棵树和装满橄榄油的碗就代表了它。

羊角号

羊角号是一只挖空的公羊角，是在犹太新年（Rosh Hashanah）、赎罪日和审判日吹响的仪式性号角，它可能代表精神启迪、忏悔和欢欣鼓舞。它还象征着亚伯拉罕代替其儿子以撒而献上的公羊。

托拉经卷

在犹太教艺术的两个卷轴之间可以看到用希伯来语书写的部分文字，代表着 Sefer Torah，或"托拉经卷"（托拉是五经，或《旧约》的前五卷）。这象征着上帝的圣言。

戴维之星

戴维之星（或所罗门之印）是一个六角星或称六芒星，由两个交错的、向上和向下的等边三角形组成。据信，这颗戴维星（希伯来语中的"戴维之盾"）具有保护力量，可以等同于上帝的救赎之盾（《诗篇》），归功于戴维王。

灯台

犹太教的七枝烛台（灯台），包含了与光和数字七的象征意义有关的许多方面的神圣含义。烛台上的火焰代表着精神上的光明和上帝的智慧，而烛台的枝条可能表示创世的七天。

印度教三相神

另见
三相神,
第 13 页
俱利摩,
第 97 页

印度教最重要的神是梵天、毗湿奴和湿婆。他们被统称为三相神（梵语中的"拥有三种形态"），他们作为个体的意义是相互关联的，因此"创造者"（梵天）、"保护者"（毗湿奴）和"毁灭者"（湿婆）维持着神圣的宇宙平衡，支撑着所有存在。梵天被认为是一个更抽象、更和谐的神灵，但仍可在艺术中得到体现。毗湿奴和湿婆是绘画和雕塑中更受欢迎的主题，他们被描绘成许多不同的形象，尤其是毗湿奴，他有九个化身（俗世的表现形式），还有一个未出现。

毗湿奴宇宙形体

这幅 19 世纪的斋浦尔画作将毗湿奴描绘成蓝皮肤的毗湿奴宇宙形体，或"拥有宇宙之形的毗湿奴"。他的四臂握着他的传统特征，从左下角顺时针方向分别是：棍棒、圆轮、法螺贝和莲花。

梵天

梵天被认为是具有宇宙创造能力的神，他可能有四个头，通常戴着王冠，每个头都朝向不同的方向；这四个头可能象征着世界的四个时代（Yugas）和四部最重要的吠陀经（圣典）。梵天的坐骑（vahana）——一只天鹅或鹅（Hamsa）——代表智慧。

毗湿奴

毗湿奴，"保护者"，通常被描绘成拥有四种标志：一个法螺贝（作为战争号角）、一根棍棒（金刚杵，既是武器也是权威与知识的象征）、一朵莲花（表示创造）以及一个圆盘或轮子（妙见神轮，武器和太阳的象征）。

克里希纳

毗湿奴的第八个化身是克里希纳，他被描绘成完整的人形（尽管他的皮肤是蓝色的，表示他来自天堂）。最受欢迎的克里希纳形象是吹着笛子（阳具的符号）的情人，其迷人的声音让所有人陶醉，尤其是女牛郎。

湿婆

在具象的印度艺术中，湿婆有许多突出的特征（包括第三只眼睛和头发上装饰的一轮新月），所有这些都具有象征意义。作为"毁灭者"，这个复杂的神的主要特质是他的三叉戟尖矛（梵语中的比那卡），这支长矛投掷出去具有毁灭性的效果。

受欢迎的印度神灵

另见
第三只眼，
第 123 页
莲花脉轮，
第 140 页

许多印度教的神灵，其中包括女神，都激发了人们的虔诚之心，因此经常在艺术中被描绘出来。其中一些表现形式描绘了深受喜爱的神话中的场景，如杜尔迦女神（或提毗，大女神，迦梨也是其愤怒的一面）的形象，她征服了水牛恶魔摩西沙，骑在她的大猫坐骑上全副武装。其他神灵的存在，如幸运女神拉克希米或带来繁荣的象头神，可能会被人们以不那么精致但同样美丽的艺术形式请到家里或工作场所，如一个莲花符号或一个便宜的神像。

愤怒的迦梨

在这幅 19 世纪的印度画像中，可怕的迦梨女神右手和舌头上沾满了鲜血，左手抓着一把剑和被砍下的头颅。迦梨是湿婆的一个沙克提（女性能量和伴侣），被描绘成与湿婆有关的第三只眼睛。

杜尔迦

杜尔迦女神是提毗的一个美丽但具有攻击性的形象，她的化身是为了与水牛妖摩西沙战斗并战胜他。因此，她被描绘成骑着狮子或老虎（象征着她的凶猛能量），挥舞着从创造她的男神们那里借来的武器（因此也象征权力）。

迦梨

黑皮肤的迦梨——代表提毗愤怒的形象之一——是居住在墓地的死亡女神。这个嗜血的、挥舞着武器的"黑者"舌头伸出、滴着血，戴着头骨花环和断手腰带——这些都是她带来死亡的象征。

拉克希米

拉克希米是毗湿奴的妻子，她是完美妻子的典范，美丽、仁慈、温柔和忠诚。她的主要特征是无瑕的莲花（女性生育能力的象征），由于拉克希米是一位带来财富的女神，排灯节期间，家里会画上象征莲花的蓝果丽图案（如上图）。

象头神

象头神是湿婆的儿子（湿婆的三叉戟可能装饰他的额头），由于他那象征着智慧的大象头，人们一眼就能认出他。象头神只有一根象牙，他为了写《摩诃婆罗多》而折断了另一根象牙。他的坐骑是老鼠，代表了他有侵蚀障碍的能力。

佛陀和菩萨

另见
金法轮，
第 115 页
菩萨，
第 27 页

虽然佛陀最初是以符号的方式（通过符号而非人形）出现的，但也许是受到印度教具象艺术传统的促进，使其越来越多地被描绘成一个人。当以人形出现时，他可能会以释迦牟尼的身份出现在王子生活的场景中；作为一位苦行僧或流浪的苦行者；或作为佛陀，"开悟者"，他的身体可能显示出一位伟人的 32 个标志（lakshanas），他的手印（mudras）和姿势（asana）都具有象征意义。仁慈的菩萨也可以有类似的形象。

开悟者

在一幅 18 世纪的藏画中，佛陀被描绘成世界的主宰者，他在画中做了"触地"（bhumisparsha）的动作。在佛陀莲花宝座的底部可以看到法轮，即代表"法律之轮"的八辐轮。

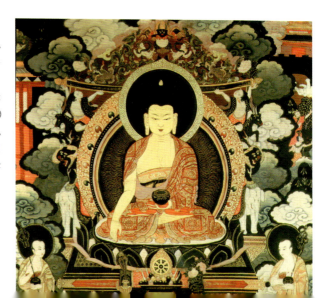

佛陀

　　佛陀的形象通常可以通过《楞严经》中列举的32种身体标志来识别。其中包括眉间的毛痣，这可能表示精神愿景，以及顶髻式凸起的头巾状头部，表示知识。

手印

　　手印是印度教和佛教艺术传统中的象征性手势。手势有几百种，但佛陀的手势只有少数几种，包括"触地印"，当他的右手指向下方时，表示他的开悟时刻。

体位法

　　印度教和佛教的神灵可能被描绘成各种体位法（瑜伽仪式的姿势），最著名的是"莲花姿势"，它被等同于莲花宝座，唤起了莲花的象征意义。在临终前，佛陀侧卧着，呈圆寂姿势，或卧姿。

观世音菩萨

　　菩萨（"本质是开悟的人"）是帮助人类的佛教众生，他们的相对世俗性可以从他们昂贵的衣服和轻松的姿势中看出。观世音菩萨是慈悲的菩萨，经常被描绘成有11个头（表示美德），头顶是阿弥陀佛的形象。

佛教符号

另见
佛陀脚印，
第 114 页
金刚夜叉明王，
第 119 页

佛陀可以在艺术中以象征的方式表现出来，即通过符号而不是以人的形式。事实上，在现在人们熟悉的佛陀形象成为佛教艺术的肖像之前，佛陀脚印和火柱等符号早就被用来表示释迦牟尼了。有些符号，如万字符（象征印度教的毗湿奴和湿婆神）和金刚杵（在成为金刚乘教派的标志之前是吠陀神因陀罗的特征），在被赋予神圣的佛教意义之前是从印度次大陆更古老的宗教传统中"借用"过来的。

风格化的金刚杵

左图所示的鎏金青铜器是一个金刚杵，由两根双头三叉的金刚杵组成，呈十字形排列。这个日本金刚杵是佛教金刚乘教派（"霹雳之车"）使用的仪式物品，可以追溯到 13 或 14 世纪。

佛陀脚印

最初的佛陀脚印，据说是佛陀站在拘尸那迦的一块石头上时形成的。这些代表物上可能还装饰有其他佛教符号，特别是法轮（见第115页），其含义是信徒们追随他的脚步便会获得启蒙。

火焰

火焰代表着集中的能量：吞噬一切，具有破坏性，但也具有照明作用，是一种善的力量。佛陀可能被描绘成一根火红的柱子，而佛教的神灵和符号可能被描绘成燃烧的火焰，因此火焰可以象征神性，以及一种净化和启迪的精神力量。

万字符

当钩状末端的十字架呈现出顺时针方向旋转时，人们将其认为万字符，这是古代印度的太阳和幸运的象征。在佛教艺术中，万字符表示佛陀的心（和思想）。

金刚杵

金刚杵（"雷电"或"钻石"）经常出现在受人尊敬的佛教人物手中，它可能是单端或双端，有三个或更多的尖，代表一种具有照亮和粉碎所有东西力量的毁灭性武器。因此，它象征着佛教法律的最高权威、不屈不挠和启迪的品质。

佛教八大吉祥符号

另见
体位法,
第109页
莲花,
第123页

佛教的八大吉祥符号,又称吉祥八宝,包括华盖(或伞)、双鱼、宝瓶、莲花、右旋螺、无尽结、尊胜幢(或胜利幢)以及金法轮。这里列出的前4个符号将在第113页上进行详细讨论,后4个符号的意义将在第115页进行解释。

佛教之花

这件精致的18世纪艺术品以精美的瓷器制作,将佛祖置于一朵白色莲花的中心。莲花在亚洲是一个深刻而多含义的符号。例如,在佛教背景下,它可能暗示着开悟、佛陀和阿弥陀佛。

华盖

  在印度，华盖或宝伞由下属持有，用来保护重要人物的头部免受日晒雨淋。因此，华盖是社会地位提高的象征，它的功能还进一步暗示了天与地之间的联系。因此，它代表着精神力量。

双鱼

  一条金鱼可能象征着财富，而两条鱼则表示生育能力（它们一起产生众多后代的能力），因此两条金鱼代表着丰富的美好事物。鱼也可能象征着将尘世的束缚和担忧抛诸脑后的自由。

宝瓶

  宝瓶的象征意义既在于它作为一个容器本身，又在于其内容物。因为容器可以等同于人的身体（特别是当它带着盖子时），而里面的财宝可能意味着精神财富和祝福。

莲花

  在许多亚洲宗教中，莲花是一种圣洁的花（通过对比它的美丽和泥泞的生活环境），在八个吉祥符号中，白莲花象征着精神上的纯洁和开悟。它也可以代表佛陀，以及佛教的法律。

佛教八大吉祥符号

另见
佛陀脚印，
第 111 页
华盖，
第 113 页

八大吉祥符号的集体意义在于，传统上认为它们最初出现在佛祖的脚底，这就是为什么它们经常被描绘成装饰在佛陀脚印上。这八个符号出现在佛教建筑和经幡上，而且这些图案也经常被用来装饰中国的陶瓷和珐琅器。它们可以单独表现出来（特别是八辐轮），尽管人们认为八种吉祥物带来幸运和避免不幸的潜力在它们被整体描绘时得到了极大的加强。

佛陀脚印

19 世纪中期，一位欧洲游客奥德菲尔德（H. A. Oldfield）博士在纸上用水彩画出了这组佛陀脚印，在脚底展示了对称的、风格化的八大吉祥符号。一个莲花脉轮环绕着这组神圣的脚印。

右旋螺

　　往右旋螺（sankha）吹气，它能产生响亮的共鸣声，在亚洲被用来召集人们参加集会或仪式。作为八大吉祥物之一，右旋螺象征着佛祖的声音和他的教义的传播。

无尽结

　　无尽结（shrivasta）这个符号的起源并不确定：有人说它代表两条缠绕在一起的蛇形身体，也有人说它代表肠。相比起源，它的意义更加明确——它代表长寿、宇宙万物的相互联系以及佛陀的无限智慧。

尊胜幢

　　尊胜幢（dhvaja）标志着佛教战胜了无知和恶势力。当尊胜幢被认为是华盖时，其象征意义与宝伞相似，象征着保护（在这种情况下，由佛法提供）和权力。

金法轮

　　金法轮（dharma-chakra）是佛陀和佛教最重要的象征之一。据说佛陀在刚开始传教时就设置了这个"法轮"，它的八个轮辐象征着佛教的八正道（通往觉悟）。

佛教七宝

另见
大象，第51页
马，第145页

一个印度神话讲述了一位完美的宇宙之王，名叫转轮王（Chakravartin），他被认为是转动"法轮"的佛陀。转轮王拥有七件宝物，也称国政七宝，这里介绍其中的四件——白象宝、绀马宝、神珠宝和玉女宝，其余三件是金轮宝、主藏宝和兵臣宝。七宝——理想统治者的象征——可能被描绘在转轮王的周围，或者作为装饰元素出现在佛教艺术中。

佛教珠宝

庄严的大象在亚洲受到极大的尊重，它们象征着精神权威和世俗权力。这幅可以追溯到1850年的泰国大象幻想画，通过融合各种佛教神灵和人物的形象，强调了这种象征性的联系。

白象宝

　　有时在神话描绘中，大象背上背着发光的宝石，在亚洲，大象与智慧、耐心、力量和主权有关。由于释迦牟尼的母亲在怀上他之前曾梦见一头白象，所以这种生物可能象征着佛陀。

绀马宝

　　作为高层人士的坐骑，绀马因其速度和耐力在亚洲受到重视。它与佛陀的联系源于这样一个传说：当佛陀逃离他的王子生活时，他骑着一匹名为 Kantaka 的马，它的蹄子不接触地面，所以没有声音。

神珠宝

　　神珠宝（或称如意宝珠）——等同于一颗有光泽的珍珠，可以被描绘成椭圆形或泪珠形，被火焰环绕或包围——代表着清晰视野或光明这一无价的礼物。因此，它象征着洞察力、理解力，以及佛教提供的精神财富。

玉女宝

　　玉女（或少女）象征着释迦牟尼的理想伴侣，因此被设想为女性特质和美德的缩影。释迦牟尼的母亲就是这样一位玉女（摩耶夫人生下了释迦牟尼，七天后死于极乐）。

佛教密宗五大金刚

密宗五大金刚或称明王，是五位"禅定之佛"（Dhyani-Buddhas）面带怒色、挥舞武器的愤怒表现，他们与激情、无知和世界上所有的邪恶做斗争，并得到他们周围所有火焰的帮助。在喜马拉雅地区和日本，金刚和明王（他们在梵语和日语中的统称）受到尊敬，可以单个崇拜，也可以崇拜所有金刚或明王。同样，在艺术上，他们可以被单独描绘（通常是作为雕塑），也可以被集体描绘，他们通常以曼荼罗（圆圈符号）的形式出现，每一个都具有宇宙意义。

大威德明王

大威德明王，"死亡终结者"，在西藏因杀死死阎王——长着黑水牛头的"死亡之王"——而受到尊敬，这就是为什么在神话描述中他通常与水牛头或白水牛相伴。在日本，他等同于阿弥陀佛（或文殊菩萨）和西方。

死亡的终结者

在这幅18世纪的西藏唐卡（"平面"画）中，一个黑暗的、充满活力的阎罗王形象占据了主导地位。这幅画已经褪色，但大威德明王有角的水牛头仍然清晰可见（他一共有九个头）。这个愤怒的、有34条胳膊、16条腿的人物被火焰包围。

不动明王

不动明王（大日如来的愤怒形象），或"不动使者"，被描绘在曼荼罗的中心。他的右手可能拿着一把（缠绕着蛇的）剑，用来消灭贪婪、愤怒和无知，左手拿着一根绳子，用来阻止邪恶势力。

降三世明王

他是"三个世界的征服者"，与阿克霍维亚（Akshobhya）和东方相对应。他的形象是踩着湿婆和帕尔瓦蒂，许多只手拿着武器，其中两只手交织在一起，形成了他独特的手印。

军荼利明王

军荼利明王与宝生如来对应，军荼利明王是南方的王。与其他明王相比，他较少被描绘，识别他的符号特征通常是盘绕在他脖子、手臂和脚踝上的毒蛇。

金刚夜叉明王

北方的王是金刚夜叉明王，是摩诃揭谛的化身。他的形象可能是一只右手挥舞着五角金刚杵，有时左手也会拿着铃铛（分别是阳性和阴性的象征，暗示着生育能力）。

佛教四大天王

另见

毗沙门，

第 133 页

龙，

第 159 页

　　根据佛教传统，四大护法天王守护着宇宙〔或佛法〕的四方，使其免受邪恶之害。因此，这四位中的每一位都与一个主要方向〔和季节〕有关，并且各自挥舞着不同的武器来抵御恶势力。作为一个群体，他们通常守卫佛塔〔圆顶神殿〕和祭坛，以及在曼荼罗的外围。与印度艺术相比，中国人对天王的描绘没有那么凶残，本页的插图是中国天王的形象。

东方的天王

　　四大天王的名称和表现形式在不同国家的佛教传统中可能有所不同。在西藏，东方的守护王是持国天王，图中是理塘寺的一幅画，图中天王演奏着一种弦乐器。

多闻天王或魔礼寿

多闻天王，"知者"——相当于日本的毗沙门天和中国的魔礼寿——是唯一被挑选出来供奉的天王。他是北方和冬季的守护者，可能持有一条恶龙或獴，以及一颗珍珠（象征着财富）。

持国天王或魔礼青

东方和春天的保护者，持国天王（"维护王国法律的神"），在中国被称为魔礼青，是四大天王中最古老的。当他挥剑时，他的剑会刮起一股毁灭性的黑风，随之而来的是致命的火焰和烟雾。

广目天王或魔礼海

广目天王（"能看见王国内一切的神"）是西方和秋季的保护者，在中国被称为魔礼海。在中国艺术中，魔礼海通常手持四弦琵琶，当他弹奏时，敌人的营地就会着火并被歼灭。

增长天王或魔礼红

增长天王是南方和夏季的守护王，被称为"扩大王国者"。作为中国的魔礼红，他可能被描绘成手持一把伞。当这把"混元伞"打开时会使宇宙陷入黑暗；放下时，会产生地震和风暴。

神圣的亚洲"交叉"符号

另见

克里希纳,

第 105 页

佛陀,

第 109 页

在亚洲的神圣艺术中,特别是在印度教和佛教的艺术传统中,有许多"交叉"符号——例如,佛教采用了许多与印度教神灵有关的特征和图标,用来表达类似的概念(尽管具有佛教意义)。其中最明显的包括神或精神上优越者配备的许多双臂;"第三只眼",或像眼睛一样的标记,可能在额头中央出现;梵文书法拼出神圣的音节 Om 以及精美的莲花。

克里希纳与巴纳苏拉的战斗

在这幅 1795 年的尼泊尔水粉画中,有许多挥舞着武器的手臂,这幅画描绘了印度教中关于巴纳苏拉的史诗般的战斗,巴纳苏拉是一个拥有 1000 条手臂的阿修罗,也就是恶魔。在这场战斗中,巴纳苏拉与克里希纳对峙,并被打败。

多双手臂

　　许多印度教和佛教的神灵都有额外的双臂，这是他们超自然本性或神性的普遍象征。每只手所持的象征性物品或手印也代表了该特定神明的力量或性格的一个方面。

第三只眼

　　某些佛教的神灵可能被描绘成有许多眼睛装饰在手上，但"第三只眼"通常被描绘在人物常规的一对眼睛上方或中间。在印度教中，火热的第三只眼是精神愿景的象征，尤其与湿婆有关。

Om

　　上面的符号代表了象征声音 Om（或 Aum）的梵文字符，Om 在印度的宗教传统中被认为具有神圣的共鸣。例如，在印度教信仰中，它代表了梵天（创造）、毗湿奴（保护）和湿婆（毁灭）的综合宇宙力量。

莲花

　　莲花是八大吉祥物之一，在佛教中具有特别的意义，是神圣起源的标志，因为人们相信它能自己从水中长出来。在印度教中，它也是女性特质原神的象征——宇宙的发源地或创造。

道教人物和符号

另见
福禄寿，
第 131 页
道教八仙，
第 126-129 页

许多传统上作为中国国画主题的场景和符号——也出现在陶瓷以及其他艺术形式中——都来自道教。道教最初是由老子创立的一种哲学，经过几个世纪的发展，道教逐渐融入了某些宗教特征，特别是包括八仙在内的道观。在艺术方面，流行的道教形象包括老子本人、传说中的西王母、桃子和长生不老的植物等永生的象征。

长生不老之果

在 1723—1735 年（清朝雍正年间）的一个珐琅彩瓷碗上，有一根画得很精致、很自然的桃树枝，上面挂满了果实。在中国人眼中，桃子是道教中长生不老和重生的象征。

老子

　　老子总是被描绘成一个老人（据说他是在公元前 604 年左右出生的，出生时头发就是白色的），他的特征包括一个 S 形的鸠杖（一种成就的象征）和一幅代表《道德经》的卷轴。他的特征是他所骑的水牛。

西王母

　　两个侍女（一个拿着扇子，另一个拿着桃子）站在一个看起来很威严的女人旁边，表明她们的女主人是西王母——长生不老的王母娘娘。她的另一个特征是一只白鹤，它是长寿的象征和神的使者。

桃子

　　在中国人眼中，桃子是长生不老和重生最有力的象征之一，据说桃子（也意味着"婚姻"）生长在西王母的瑶池蟠桃园里。虽然这棵树每隔 3000 年才开一次花，但它的果实却包含了永生的精华。

仙草

　　虽然它的形状像云，但它在中国艺术中的形象将传说中的长生不老的植物与灵芝联系起来。人们相信，所有食用它的人都能获得永生（它象征着永生），"仙草"是道家相信有神秘力量的植物。

道教八仙

另见
西王母，
第 125 页

道教的八仙——或代表他们的符号（他们的特征）——经常被描绘在中国的绘画中，特别是在瓷器上。在中国，八是一个吉祥的数字，也是完整的象征，虽然八仙的人数一直保持不变，但各个神仙的形象却各不相同。下面介绍的这些神仙，几个世纪以来一直被认为是八仙的成员。据说他们都曾是人类，其卓越的道教品质使他们获得了永生。

八仙

爱德华·韦纳（Edward T. C. Werner）为《中国神话传说》一书所作的插图中，八仙中的七仙坐船过海，而张果老则骑着驴与船同行。头顶上飞翔的白鹤象征着长寿。

铁拐李

在画像中，铁拐李（或李铁拐）通常拄着铁拐杖（象征跛足），背着一个药葫芦，葫芦里冒出一股烟来，象征天地合一。

张果老

张果老手里握着的东西称渔鼓，它是一种乐器：一个空心的竹筒，用放在里面的两根棍子像敲鼓一样敲打。张果老还常倒骑着一头驴。

吕洞宾

吕洞宾（中国理发师的守护神）的主要特征是一把剑和一把拂尘。在画像中，吕洞宾用带子将他的武器系在背上。他的剑不是一把普通的剑，而是能斩断烦恼、贪嗔、色欲之剑。

蓝采和

蓝采和提着一个装满鲜花的篮子（这就是为什么中国的花商视他为守护神）。在八仙的画像中，他很容易被认出来，因为他一只脚赤足，一只脚穿靴。他的花篮可包罗万象、广通神明。

道教八仙

另见
克里希纳，
第 105 页
拉克希米，
第 107 页

在画像中，八仙——男神仙和女神仙——经常身在一个风景优美的地方，因为道教的一个基本原则是，通过与自然界的力量和谐相处，可以获得长寿和长生不老，这最好通过远离社会，在山间过着无为沉思的生活来实现。此外，据说神仙（"有福之人"）住在东海的"三福岛"，或者更具体地说，住在"寿山"，在艺术作品中，寿山是指耸立在海上的山峰。

八仙之首

胡须、裸露的胸膛和扇子都有助于人们认出这个人物是钟离权，他由 17 世纪一位中国艺术家用象牙雕刻而成。作为八仙之首，人们认为钟离权发现了长生不老药。

钟离权

八仙之首是钟离权。他的典型形象是一个留着胡须、胸部袒露的老人，他的标志是他手中的长柄扇子，用来将新的生机扇入死者的灵魂。

曹国舅

曹国舅所持的阴阳笏板，据说能奏万籁之音，同时也是他的标志。这位年长的、留着胡须的神仙是中国戏剧工作者的守护神。

韩湘子

吹笛是年轻的韩湘子的特征，他是中国音乐家的守护者。据说，韩湘子吹着笛子在各地漫游，所有听到他甜美音乐的人都被吸引和迷住了，他的音乐甚至让花朵绽放。

何仙姑

何仙姑形象优雅，她手中拿着一株莲花的茎。茎的末端是莲花（象征着夏天和自然繁殖）和它的种子（象征着后代）。

日本神道教的主要神灵

另见
寿老人，
第 133 页
桃子，
第 125 页

　　日本本土宗教——神道教的主要神灵是天照大神，这位太阳女神也被认为是日本皇帝的神圣祖先。据说皇帝们从她那里继承的三件遗物（镜子、剑和珠宝），被保存在伊势神宫，即位于伊势志摩的皇家神社，而且天照大神曾经在日本艺术画像中持有这些神圣的物品。神道教的七福神，被认为是比较熟悉的、带来好运的神灵。其中有六位男性（布袋和尚、福禄寿、惠比寿、毗沙门天、大黑天和寿老人），一位女性弁天，都可以通过他们各自的特征来识别。

神道教的太阳女神

　　浮世绘大师歌川国贞（1786—1865年）在画中描绘了天照大神从山洞里出现的画面。这位光芒四射的神道教太阳女神手持宝剑，看着镜子中的倒影心醉不已。

天照大神

　　天照大神，神道教的太阳女神，在画像中她的头上通常射出光环般的光芒，象征着太阳光，并且手中持有三件神圣的皇室圣物。这三件圣物是镜子（如上图），据说它包裹着她的神体或精神；一把剑，代表权力；珠宝，象征着美丽和财富。

布袋和尚

　　布袋和尚是一位光头、胖乎乎、爱笑的和尚，是代表幸福、满足以及富足的神。他的特征是一个麻袋（他坐在上面），据说里面装着大米和宝物；在画中他也可能和孩子们在一起。

福禄寿

　　作为一个代表长寿的神，福禄寿通常被描绘成日本的长寿标志，包括一只鹿、一只乌龟、一只鹤以及一个桃子。他还可能拿着一根手杖，上面悬挂着一两个卷轴（表示智慧）。

惠比寿

　　惠比寿是渔民和商人之神，满面春风的惠比寿通常一手拿着鱼竿，一手抓着一条大鱼。惠比寿代表着职业成功所带来的幸福，也代表着自然界的丰收（以肥鱼为象征）。

日本神道教的主要神灵

另见
多闻天王或魔礼寿，
第 121 页
福禄寿，
第 131 页

七福神，通常作为一个群体驾着他们的宝船（Takara-bune）航行。在这艘神奇的船上，还有与众神有关的宝物，总共有 21 件。这些宝物象征着财富和好运的不同方面，可以从宝船的背景中抽离出来，作为吉祥的装饰图案。宝船载着其神圣乘客的画像，在日本新年期间非常流行，因为据说宝船是在新年前夕到达日本的。它还经常出现在坠子或复杂的雕刻拨片上。

幸福的守护神

左图所示的漆柏木雕像是 13 世纪初在日本创作的。这个威武的男人身穿盔甲，左手拿着微型宝塔，表明他是毗沙门或毗沙门天。

毗沙门

由于毗沙门对应的是佛教四大天王之一的多闻天王，是北方的守护者，所以他被视为具有武功的幸福之神。身着盔甲的毗沙门手持长矛，以及一座小宝塔（象征着佛教的珍贵）。

大黑天

大黑天所代表的尘世财富，由他的锤子和麻袋象征。槌形的锤子是矿工的锤子，它表示可以从地下挖出的矿物财富。麻袋里装满了宝物，如大米和宝石。

弁天

弁天通常是弹奏琵琶的形象，表示她对艺术（文学、戏剧以及音乐）的守护，以及它们所能带来的幸福。作为一个女神，弁天也被认为是爱神（其他特征可能是指她的更多方面）。

寿老人

与他的同胞福禄寿神一样，寿老人被描绘成一个年长的人，身边还有鹿、鹤和乌龟等长寿的象征。寿老人被认为是一位学习之神，他的杖上挂着一个或多个卷轴（也和福禄寿一样）。

伊斯兰教的宗教艺术

另见
圣书，
第 23 页
哈姆萨，
第 43 页

伊斯兰教的核心信条是，安拉是唯一的神。正是这一点禁止了对人类和动物等生物的描绘，以免这些形象成为偶像崇拜的焦点。此外，任何试图真实地表现真主血肉之躯的行为都被认为是亵渎。因此，由于具象艺术不是穆斯林艺术家的选择，几个世纪以来，他们一直致力将书法和抽象装饰（特别是使用几何和植物的形式）发展成为精神沉思的精美载体。

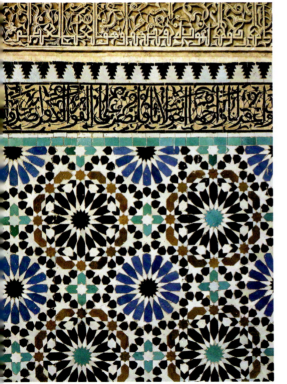

摩洛哥泽利格瓷砖

复杂的书法拼出了《古兰经》中的经文，在一个精心设计的花卉和几何形状的重复图案边上，显示了萨第安墓中的装饰性陶器泽利格瓷砖的细节。这座位于摩洛哥马拉喀什的墓园建于 16 世纪，是为苏丹艾哈迈德·曼苏尔建造的。

阿拉伯书法

　　阿拉伯书法融合了众多的文字风格，在伊斯兰世界受到尊敬，因为它体现并传达了伊斯兰教圣书《古兰经》中所载的安拉（其名字写在上面）的神谕。许多艺术媒介，特别是陶瓷，都展示了其流动的形式。

卡巴

　　卡巴（阿拉伯语中的"立方体"）是位于沙特阿拉伯麦加的哈拉姆清真寺内的一个立方体圣殿，里面有据说是天使长加百列送给亚当的黑色陨石。卡巴的图案编织在穆斯林使用的祈祷毯（sajjadah）上。

阿拉伯风格的图案

　　优美的曲线、复杂的植物图案已成为伊斯兰艺术的一个最典型的特征，在西方被称为"阿拉伯式"（或"阿拉伯风格"）。这些图案通常被融入纺织品、陶瓷和装饰品中，它们颂扬了安拉在尘世中的创造之美，也暗指天堂花园。

几何图案

　　以圆形、方形、三角形，特别是星形等图形为基础，对称、重复的几何图案装饰着伊斯兰教的清真寺和宫殿的结构。这些图案参考了秩序、和谐和统一的动态特性，这些特性是管理真主宇宙的自然法则。

身份符号

另见

竹纹纹章，

第 97 页

日本纹章

日本纹章被认为是由战场上的旗帜演变而来，标志着军阀及其部下的身份。几个世纪以来，这些旗帜上的符号——如这几页的插图所示，许多都是以花为特色——被移用到了武士或军事家臣身上的纹章上。贵族家庭的成员和他们的家臣将纹章用于和平时期的穿戴，或者系在衣服上，或者织在衣服上。各个家族至少有一个纹章，即家用纹章（"固定徽章"），其他的则是替纹（kae-mon）。

身份徽章

这幅 18 世纪的日本彩绘屏风上描绘了一位持剑武士，他的服装上装饰着各种大型纹章。其中最突出的是在其长袍底部的一个以 16 瓣菊花为原型的图案，即菊花纹章。

菊花纹章

菊花纹章是日本天皇的家徽，也是日本的国徽。菊花纹章是以菊花造型为基础的，其中心的花朵由 16 片花瓣组成，后面还有一层 16 片花瓣。菊花象征着长寿和幸福。

泡桐

纹章根据泡桐的花朵和叶子设计，泡桐是日本本土的植物，开着紫色或白色的花朵，叶子呈心形，是日本天皇的御用纹章，皇室替纹和日本首相的纹章。

牡丹

在牡丹纹章中，非常美丽的花朵周围环绕着青翠的叶子。这种植物在日本具有丰富的象征意义，它象征着春天、婚姻、生育和丰收等概念。

梅花

由于梅花开在光秃秃或看起来枯槁的树枝上，所以它象征着战胜困难，并受到武士的喜爱。它也可能表示春天和好运，还可能指被神化的北野天神，一位受人尊敬的神道教艺术赞助人。

日本纹章

另见
获纹纹章，
第 35 页

纹章都是圆形的，暗指太阳——日本文化中一个强有力的符号。圆圈内是植物和动物形态以及其他图案和物体的艺术表现。在日本，这些都被赋予了积极的意义（第 139 页有例子）。有些是由于其普遍的吉祥意义而被选中；有些则是为了暗指一个家族历史上的重要事件。数以百计的家用纹章在历史上被宗族正式登记，其成员将它们作为身份和效忠的标志佩戴在身上，但今天它们作为家庭（甚至公司）身份的不太正式的标志而存在。

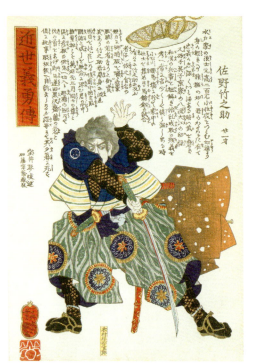

军事徽章

日本艺术家歌川丰国（1769—1825 年）以其木版画而闻名，他所描绘的武士（或称战士），袖子上有一个典型的单色纹章。普通武士一般有一个纹章，而他的大名（封建时代的大领主）可以使用三个纹章。

松树

　　由于松树是一种产生树脂的常青树，日本人将其与廉洁和长寿联系在一起（在日本艺术中，两棵苏格兰松树可能象征着长久的婚姻）。因此，松树是一个积极的符号，也被认为能吸引好运，松树的树枝是一个流行的纹章图案。

蜻蜓

　　尽管蜻蜓飘忽不定的飞行路线使人们认为它不可靠，但它也有积极的象征意义，这就是为什么这种昆虫在一些纹章中可以被赋予重要的地位。它的形状与日本群岛相似，因此蜻蜓成为日本的标志"蜻蜓岛"。

蝴蝶

　　在日本，一只蝴蝶可能不是一个吉祥的标志，例如，它暗示着女性的虚荣心和短暂的幸福，而一只白蝴蝶与死者的灵魂有关。然而，两只蝴蝶则代表着幸福的婚姻。

乌龟

　　作为日本长寿的象征，有皱纹、长寿的乌龟是纹章的一个吉祥题材。在一些日本传统中，乌龟作为宇宙的承载者具有另外的意义，这就是为什么它也象征着支持、力量和耐力。

符号系统

另见
金刚杵，
第 111 页

印度教和佛教
"曼荼罗"和"具"

在没有经验的西方人眼里，"曼荼罗"和"具"看起来像精致的抽象艺术作品。它们确实是艺术形式，印度教或佛教的"曼荼罗"或"具"（梵语"圆"和"工具"）主要是作为冥想工具，从而促进精神进步。它们通常画在中国西藏和尼泊尔的唐卡上，构成"曼荼罗"或几何"具"的存在和形状（这里探讨了其中一些）所蕴含的意义。总体而言，象征宇宙和意识的符号鼓励上升到更高的精神层面，如佛塔——宇宙和意识的三维对应物。

莲花脉轮

一个由花瓣形状（通常有八个）环绕的圆图代表莲花脉轮（圆圈或轮），象征着宇宙的创造，因为莲花被认为是自然地从原始水域长出来的。它还象征着宇宙发源地、母神或女性的创造能力。

金刚萨埵曼荼罗

这个西藏曼荼罗的中心人物是佛陀或金刚萨埵菩萨（"钻石精华"或"霹雳精华"）。从他身上放射出来的十字形让人联想到两根交叉的金刚杵；他的曼荼罗也包括圆形和方形。

圆

圆一般象征着宇宙或自我。同心圆是大多数"曼荼罗"和"具"的重要特征，通常代表着轮回中存在的宇宙世界，或连续的、更高层次的理解，其中心象征着完美。

中心

"曼荼罗"或"具"的中部代表成功的精神启迪的终点或宇宙的中心。这里描绘的可能是须弥山，宇宙之山；佛陀（象征着开悟）；或"点"（bindu），表示精神上的启迪。

正方形

尽管"曼荼罗"或"具"中的正方形的具体象征意义有所不同，这取决于它所描绘的宇宙模型的类型，但正方形通常表示地球、世俗和物质。每条边的中心都有门，象征着通过基本方向进入。

正三角

正三角象征着阳具，也称林伽，是（湿婆）活跃的阳性能量的象征。当它们相交时，表示女性和男性生殖能力的融合，如表现艺术中所描绘的欢喜佛（"父亲－母亲"）姿态。

倒三角

倒三角象征着尤尼（梵语中的"外阴"），而尤尼又代表沙克提，或宇宙中的女性创造能量。沙克提可以反过来被描绘成或设想成一个女神（特别是作为印度教湿婆神的女性伴侣）。

中国十二生肖

另见

中国十二生肖，
第 41 页

太极和八卦护身符，
第 97 页

十二地支在西方被称为"中国十二生肖"，与西方十二星座一样，它们包括12"宫"——鼠、牛、虎、兔、龙、蛇、马、羊、猴、鸡、狗和猪，在以下5页中进行了概述——据说每个星座都对在相应时间段出生的人产生强大影响。但这两个系统在其他方面有很大不同。因为12个地支中的每一个都与每日24小时周期中的两小时相对应，也与一个农历月和一整年相对应，而不是与一个太阳月相对应。

十二地支

在这幅中国剪纸十二地支图中，象征十二地支的12种生物被围成一个圆形。中央是由八个八卦图围成的太极图，周围是与每个动物相对应的中国书法字符。

鼠

鼠在十二地支中排第一位，它是一种野生动物，其基本方向是北方，时间是晚上11时到凌晨1时。在艺术作品中，老鼠象征着勤劳、积累、节俭和繁荣的品质。

牛

牛是一种家养的动物，在地支中排在第二位，与东北偏北和凌晨1—3时相对应。在中国的艺术作品中，坐在牛背上的人通常是受人尊敬的历史和神话人物。牛象征着力量和稳固，以及农业和春天。

虎

老虎在地支中排第三位，与东北偏东、凌晨3—5时对应，具有野猫的特征，如攻击性、勇敢和不可预知性。它在艺术上有更多的意义，象征着阳和勇士精神，白虎是四大神兽之一（代表西方和秋天）。

兔

兔代表地支中的第四位；它的方向是东方，时间是早上5—7时。它是长寿、敏感和阴的象征，在艺术作品中它可能执行其著名的神话任务：在月亮上配制长生不老的药。

中国十二生肖

另见
绀宝马，第 117 页
龙，第 159 页

中国人在提到他们出生的年份时，习惯上会使用上升星位的生物名称（例如龙年），新年是从冬至后的第二个满月开始的。12 个地支的顺序，从鼠开始到猪结束，形成一个不断重复的 12 年周期。在历法方面，这个周期与十天干的周期交织在一起——十天干分成两组，与五行相对应——形成另一个 60 年周期。

第七种动物

一尊公元 5 或 6 世纪的兵马俑所配备的马鞍和缰绳，证明了马在中国的早期驯化。马是十二地支中的第七个动物。

龙

龙是四大神兽之一，也是中国艺术中仁慈的超自然力量的普遍象征。它在十二地支中排第五位。因此，它与东南偏东和早上 7—9 时对应，也与自信和雄心有关。

蛇

蛇在地支中排第六位，它又与东南偏南和上午 9—11 时对应。虽然这种野生的有毒生物在中国通常被人害怕和不信任，但它的狡猾也可以解释为精明。

马

马在地支中排第七位。马对应南方、上午 11 时至下午 1 时，以及决心、毅力和热情等品质。马年可能会发生广泛和快速发展的事件。

羊

羊在地支中排第八位，它的方向是西南偏南，时间是下午 1—3 时。当它作为符号在中国艺术中出现时，它可能意味着温顺和休闲，因此也可能意味着隐退。

中国十二生肖

另见
狗，第 95 页
神圣的母猪，
第 25 页

尽管十二地支的历史可以追溯到几千年前，但人们认为象征它们的 12 种动物源于佛教。事实上，有一个传说，佛祖以 12 种动物命名十二地支——6 种野生的，6 种家养的。作为一个群体，这 12 种动物可能被描绘成在有 12 个分枝的"年树"下避难。它们也可以构成传统镜子背面的一部分，实际上代表了宇宙的象征性地图，这时它们可能被描绘成一个圆圈，依次被与星座相关的 28 种生物环绕。

忠诚的象征

左边这个涂有白石灰釉的陶俑是汉代晚期的作品。它的造型是一只机警的狗，在地支中排第十一位，表示忠诚。

猴

猴在地支中排第九位，它对应西南偏西和下午3—5时。在中国，人们对猴子的看法是矛盾的，通常认为它是一个聪明、灵巧，但又稀奇和不可预测的骗子。

鸡

鸡在地支中排第十位，表示西方，以及下午5—7时。它被认为是太阳鸟（因为它有金色羽毛和在黎明时分打鸣的习惯），它代表了阳的品质。

狗

狗在地支中排第十一位，它在中国被普遍认为是忠诚和直率的象征，也被认为是西北偏西方向和晚上7—9时的守护者。

猪

猪在地支中排第十二位，它与西北偏北和晚上9—11时对应。猪可能代表的品质有感性、繁殖力和诚实。

中国的太极符号和八卦图

另见
中国十二生肖，
第 41 页
寿老人，
第 133 页

中国古代对二元性的信仰是宇宙存在和运行的基础，太极圈就是其象征。这个简单的图形符号优雅地概括并传达了这样一个概念：宇宙——以及宇宙中的一切——由两种对立的动态能量阴和阳组成，当它们达到完美平衡时，宏观世界和微观世界的和谐就会实现。在占卜中使用的八个八卦——三线符号——也象征着阴（由虚线表示）和阳（由实线表示）之间的变化关系。

和谐与长寿

一位 17 世纪的中国艺术家描绘了一群旅行者在乡下研究太极图的情景。其中，大脑门儿的寿星是长寿之神（也是三大幸福之神之一），他身边的鹿是长寿的象征。

乾卦

乾卦由三条实线组成，每条线都代表阳气。乾的各种符号联系包括天空、南方基本方向以及马。它标志的品质包括动物的力量和不知疲倦。

兑卦

一条虚（阴）线在上、两条实（阳）线在下的组合表示兑卦。兑卦对应的有静止的水或水体、东南方向以及山羊（或绵羊）。它体现了满足和快乐的可能性。

阴和阳

太极图的黑色部分代表阴：宇宙的能量是被动的、消极的、阴性的，等同于黑暗、夜晚、月亮、寒冷、潮湿和地球。黑点代表阴在阳中的种子或存在（反之亦然），因此它们是相互依存的。太极图弯曲的白色部分表示阳，是与阴相矛盾的对立面，代表积极、正面和阳刚，对应光、白天、太阳、热、干燥和天。包含这两种能量的圆象征着宇宙（和宇宙蛋）、统一和不断旋转的生死循环。

离卦

离卦由一条虚（阴）线夹在两条实（阳）线之间组成，被解释为象征着轻盈、光辉和优雅。它与火的天象（如闪电和太阳）和东方有关。

中国的太极符号和八卦图

另见
太极和八卦
护身符，
第 97 页
十二地支，
第 142 页

在中国艺术中，太极符号通常被八卦卦象所包围，据说八卦卦象是传说中的伏羲皇帝在龟甲上创造出来的。除了装饰瓷器和卷轴外，这种护身符的印刷品、雕刻品和编织品传统上都是佩戴在身上和挂在家里的。一旦用蓍草棒形成八个不同的、水平方向的三线卦——每个都有一套符号联系——就构成了《易经》占卜系统中 64 个卦的基础。

皇帝伏羲

在 18 世纪的一幅雕刻作品中，伏羲创造了一个由八卦图围成的太极符号。据说是这位皇帝向他的子民介绍了八卦，他生活在很久以前，太极和八卦的神话起源（有时还有牛角）被归因于他。

震卦

两条虚（阴）线在上、一条实（阳）线在下，相互平衡，这就是震卦。这三条线的特殊组合对应雷、东北方向和神话中的龙。震的潜在含义包括兴奋、运动和力量。

巽卦

巽卦由两条在上方的实（阳）线和一条在下方的虚（阴）线形成。巽与风、木、西南方向和公鸡等概念有关，象征屈服、包容、适应和渗透的能力。

坎卦

两条虚（阴）线之间有一条实（阳）线，这就是坎卦。坎卦与流动的水（无论是雨和云还是溪流和河流）、月亮、西方和猪有关。它表示危险和困难。

艮卦

在艮卦中，一条实（阳）线位于两条虚（阴）线之上。这种象征性的结构意味着山丘或山脉，以及西北方向和狗。它可能暗示活动的暂停或休息。

坤卦

三条虚（阴）线构成了坤卦。除了象征大地、北方的基本方向和牛之外，坤卦还可以代表一些与阴有关的概念，其中包括服从和宽敞。

中国五行

另见
中医，
第41页
四大元素与体液，
第224-225页

这里看到的中国书法字，可以复制在装饰卷轴上，拼出五行的名称——水、火、木、金和土——根据中国传统，它们构成了所有的宇宙物质，其动态互动调节着自然界的运作。五行在表现艺术中可以用五只老虎或不同的生物来集体象征。它们也可以用适当的自然特征或人造物品来表示：例如河流（表示水）、火焰或灯笼（火）、树木（木）、金属工具或黄金（金属）、地面或陶器（土）。

土

土元素不属于任何基本方向，而是等同于中心，也等同于人的胃。据说它能产生金属（金属从土中开采出来），但与水有负面关系，它能阻止水的自由流动。

五大行星的神灵

19世纪的一幅五大行星神灵图的细节中，描绘了水星和金星的神灵。在水星和金星的头顶上可以看到汉字"水"和"金"，这反映了每一种元素都与一个星球相关的理论。

水

水（被认为是一种阴或消极的元素）象征性地与北方和冬季联系在一起，在人体方面，与肾脏有关。它被认为可以产生木材（树木），也可以灭火。

火

火的基本方向是南方，它的相关季节是夏天，在人体中的位置是心脏。虽然在火燃烧后，它的灰烬会产生土，但它与金属有一种破坏性的关系，它可以熔化金属。

木

木是与东方和春天对应的元素，在人体器官中，与肝脏对应。虽然木能滋养火元素，但它对土有负面的影响，因为它从土中吸取营养而使土枯竭。

金

金元素与西方和秋天有关，在人体中据说与肺部对应。尽管金被认为会产生水（它包含水），但它可能会破坏木，因为金属工具被用来砍伐树木。

吉祥的中国书法和符号

另见

和谐与长寿，
第 148 页
汉字，
第 39 页

中国的书法既是一种艺术形式，也是一种记录和使用文字交流的工具，特别是由于其字符的类别包括象形文字和表意文字。一些字符和字符组合因其传达的积极概念而受到高度重视（你会在另一页看到一些），因此它们被挑出来进行特殊处理。它们具有高度的观赏性，再加上它们的含义，因此它们可能会被印到陶瓷、纺织品和装饰卷轴上，为所有看到它们的人带来享受和好运。

长寿和幸福

在一幅 19 世纪的中国彩色版画中，可以看到寿星的黄色袖子上印着象征着长寿的圆形寿字。寿星拿着一个桃子，身边有禄星（右边）和福星（中间），他们都是幸福之神。

五福符

根据中国传统，"五福"是指长寿、财富、健康、美德和自然死亡。代表这一概念的吉祥符号是一个由五只造型独特的蝙蝠环绕的"寿"字，这五只蝙蝠本身就表示快乐（"蝠"是"福"的同音异义词）和长寿。

好运符

汉字"福"的意思是"幸福"或"好运"，因此是好运以及它可能带来的所有东西的象征，如繁荣、幸福和满足。在新年期间，这个字被贴在门上，希望它能产生积极的影响。

双喜符

汉字"喜"的意思是"幸福"，因此，当两个"喜"字并排书写时，意味着"双倍的幸福"。传统上，华丽的双喜图案是送给新婚夫妇的，但也可以祝愿任何人，无论是否结婚，都能获得双倍的快乐。

健康符

中国书法中的"康"字代表健康或活力。然而，它所象征的健康不仅仅是身体上的，而是整体性的，是健康和快乐的思想、身体和精神，以及对生活的满足感。

寓言符号

另见
鹰对蛇，
第27页
特里同，
第45页

印度神奇生物

印度教的神话中充斥着神奇的生物——在这种宗教中，某些神灵被想象成半人半兽的形式——也出现在随后在印度次大陆兴起的信仰中。世界各地的传统故事都讲述了一些神奇的生物，其奇异的、象征性的构造使他们有能力主宰天空、海洋或地下世界，印度教的故事也不例外。在艺术中，其中一些，如迦楼罗、阿难陀和摩伽罗，可能与特定的神有明确的联系，经常作为他们的坐骑（vahana）。然而，并不是所有这些生物都是友好合作的。

保护蛇

在对阿难陀的描绘中，坎德什——一位在1780年左右处于艺术巅峰的印度艺术家——描绘了有六个头的宇宙那迦。阿难陀支撑着沉睡的毗湿奴，他漂浮在莲花点缀的原始海洋上，由他的妻子拉克希米看护着。

迦楼罗

迦楼罗通常被描绘成一个人，他巨大的鹰翼使他掌握了天空，金色羽毛使他与太阳和毗湿奴等同。毗湿奴是印度教的神，这只"太阳鸟"就是迦楼罗的坐骑。作为一个与邪恶的那迦对抗的太阳生物，迦楼罗象征着光明和生命。

那迦族

那迦族是一个蛇形生物的种族，在神话描绘中经常拥有镶有宝石的人头、躯干和手臂以及蛇的身体。那迦族被描述为生活在富丽堂皇的水下宫殿中，并守护着海洋的宝藏，象征着海洋的丰饶。

阿难陀

阿难陀（又称舍沙或阿难陀－舍沙）是宇宙中的那迦（或蛇），在神话描绘中，毗湿奴在其盘绕的身体上沉睡，他漂浮在原始水面上，受到阿难陀头部（可能有六个、七个、九个甚至一千个）形成的天幕的保护。阿难陀象征着无穷无尽。

摩伽罗

对居住在海中的摩伽罗（伐楼拿的坐骑，"深海［海洋］之主"）的描述各不相同，但通常都有鱼类或爬行动物的共同特征。因此，摩伽罗可能一半是鱼，一半是鳄鱼，有时还长着一个大象的头。它在印度教黄道十二宫中取代了摩羯座。

中国和日本的神奇生物

另见

龙，第 145 页

独角兽，

第 229 页

虽然许多西方的神奇生物威胁着人类——特别是龙——但它们在东方的对应物一般都比较温和，包括龙。龙和凤凰经常出现在中国艺术中，当它们被描绘在一起时，就代表了皇帝和皇后。它们也归于中国四大神兽中：青龙保护着宇宙的东边（表示春天），而朱雀（凤凰）则与南方和夏天有关，白虎（或麒麟）与西方和秋天有关，而玄武（龟与蛇组成的神兽）与北方和冬天有关。

决斗龙

在一个 18 世纪的中国瓷盘上，一条绿色的龙和一条红色的龙相互对峙。图案中心的圆圈代表一颗火红的珍珠，在中国艺术中，龙经常追逐这颗珍珠。这可能象征着太阳、月亮、滚雷或潜能。

龙

在中国的信仰中，龙主要有三种：生活在天空中的龙，居住在海洋中的龙和潜伏在洞穴中的龙。所有的龙都有细长的身体，代表水的生育能力，因此象征着好运和保护。

凤凰

人们对温顺的凤凰（中国叫凤凰，日本叫 ho-oo）的描述各不相同，但大多数人都认为这种外形奇特的鸟类生物长着一个类似公鸡的头。这一点，以及它对南方和夏季的守护，使它具有太阳（阳）的象征意义，从而具有促进生育的力量。

麒麟

亚洲麒麟（中国叫麒麟，日本叫 kirin）因其温柔而受到赞誉，被认为是雌雄同体，因此象征着阴阳的和谐结合，从而达到长寿的目的。它被设想为有雄鹿的身体和有角的龙头。

石狮

亚洲佛教寺庙外摆放着雌雄成对的石狮雕塑，象征着抵御邪恶的力量。雄性石狮的前爪放在一个圆球上（象征着太阳或佛教的赐光宝石），而雌性的前爪则庇护着一只幼崽。

中国文人四艺

另见
七艺，
第 234-235 页

在中国古代，仅仅通过考试并不能被认为是受教育和有文化的人。因为文人还应该精通四艺，掌握有助于保持良好平衡的性格，也可以作为放松的辅助手段。这四艺——音乐、文学、绘画和"体育"——由传统练习的设备来象征。它们可能被共同描绘在陶瓷上，或从事四艺的人的绘画中。

音乐才子

左图呈现的音乐家形象是在 1 世纪出现的。中国艺术家通过描绘一位全神贯注于弹奏古琴——音乐艺术的象征——的才子，美好地传达了音乐将听众带入另一个境界的力量。

琴

中国的古琴（一种古老的弦乐器）象征着音乐的艺术（琴）。精通音乐需要灵巧和练习，使其成为一项要求很高的技能，但也被认为可以将音乐家提升到一个更高的精神层面。

书

一套书装在保护性的装饰封面里，用丝带捆绑，有时旁边还描绘着毛笔字，象征着文学艺术或书法（书）。

画

画或中国的工笔画艺术，通常以一对卷轴为标志，艺术家可以在其上创作出经过深思熟虑构图和绘画的精美画作。这种画卷通常由宣纸或丝绸制成。

棋

体育（棋）由中国古代棋盘游戏的棋盘以及装有黑棋和白棋的两个罐子代表。虽然经常被描述为国际象棋的棋盘，但这其实是围棋的棋盘。

欧 洲

引 言

另见
印度教和佛教的
"曼荼罗"和"具"，
第140-141页
勇士精神和入会的
符号体系，
第32-33页

欧洲古老的、高度发达的艺术遗产涵盖了日常生活、精神信仰和深奥思想的广大领域。古希腊和古罗马的文化遗产，在文艺复兴时期被重新审视，可以说在塑造欧洲艺术方面起到了开创性的作用。它提供了符号蓝图，用来表现神圣的概念和视觉词汇，对预示性、象征性和寓言性的系统和主题的发展做出了深刻的贡献，这些系统和主题仍然渗透在我们对世界的理解中。基督教的主题和符号同样主导了欧洲艺术，然而根深蒂固的异教本能的持久影响创造了一些富有独特生命力的、风格多样的符号。

彩色玻璃玫瑰

19世纪，建筑师欧仁·埃马纽埃尔·维奥莱－勒－迪克（Eugène Emmanuel Viollet-Le-Duc）在法国圣德尼修道院大教堂的北横厅，安装了这扇壮观的玫瑰花窗。它是根据12世纪该修道院教堂院长苏格的辐射状哥特式设计而制作的。

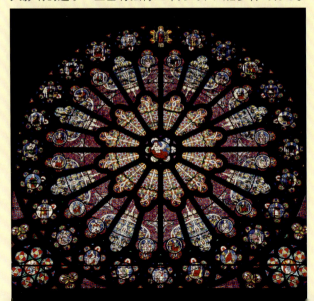

鹰和雷电

　　一只鹰用爪子抓着雷电，象征着宙斯／朱庇特，古典时期的天神和最高的神。这只可怕的猛禽和它神圣主人的致命自然武器一起代表了一个强大的形象，这成为古罗马的标志，后来又成为法兰西帝国的标志。

玫瑰窗

　　玫瑰窗的彩色玻璃照亮了基督教教堂，之所以被称为玫瑰窗，是因为其形状类似于一朵盛开的多花瓣玫瑰。它们的象征意义结合了圆形（完美和天堂）、轮子（永恒）、红玫瑰（爱和殉难）和圣母玛利亚（纯洁的"无刺玫瑰"）。

康沃尔公爵的纹章

　　纹章学及其现在复杂的符号系统最初是在中世纪的欧洲发展起来的，是一种在战斗中识别贵族的方式。康沃尔公爵纹章的中心是一个盾牌，黑色（黑貂）的盾牌上印有15个金环纹章（金色圆点）。

黄道带十二宫符号

　　代表太阳年的西方12个星座，每个星座都由一个图像字符来象征。黄道十二宫的符号系统有几千年的历史，极其复杂，包含了行星、元素和其他方面的影响，也有宏观世界和微观世界的意义。

神圣符号

古典时期的奥林匹斯神

另见
阿达德，
第 99 页
湿婆，
第 105 页

书面作品，如希腊诗人赫西奥德的《神谱》，帮助我们了解古典时期万神殿的诸神是如何产生的，但千百年来流传下来的对他们的描述——特别是以雕像、绘画、镶嵌画和装饰花瓶的形式——才使他们栩栩如生。最重要的是居住在奥林匹斯山上的 12 位神灵，他们以及他们在艺术中得到认可的特征将在下面几页中进行描述。

奥林匹斯诸神

朱利奥·罗马诺（Giulio Romano，1499—1546 年）为意大利曼图亚德泰宫的巨人厅创作的壁画，展示了风格主义者对奥林匹斯山的想象。某些奥林匹斯神可以通过他们的特征来识别，包括紧握雷电的宙斯／朱庇特和挥舞三叉戟的波塞冬／尼普顿。

宙斯 / 朱庇特

宙斯 / 朱庇特是奥林匹斯神中最重要的，他可能被描绘成一个威严的、戴着皇冠的、成熟的男人，作为一个可变形的诱惑者，他有各种各样的形态。他的主要特征是鹰和雷电（或闪电，通常表现为权杖），象征着他对天空的掌控。

赫拉 / 朱诺

作为宙斯 / 朱庇特的妻子，她是天堂的女王，因此在神话描述中经常戴着王冠。她的虚荣心也是出了名的，所以气宇不凡、昂首阔步的孔雀——据说其尾部的羽毛带有阿耳戈斯·潘诺普忒斯的眼睛——成为她的特征再合适不过了。在描述中，孔雀经常拉着她的战车。

德墨忒尔 / 克瑞斯

古典时期与农业关系最密切的神是德墨忒尔 / 克瑞斯，她是一个成熟的大地母亲，因此通常可以通过她头上的麦穗、她携带的小麦捆或收割者的镰刀来识别她。

波塞冬 / 尼普顿

波塞冬 / 尼普顿统治着水域，特别是海洋，他被描绘成一个强大的长者，留着长长的胡子，身边通常陪伴着人鱼和海马（海马拉着他的战车）。他所持的权杖是他的象征：一个三叉的渔夫长矛或三叉戟。

古典时期的奥林匹斯神

另见

厄洛斯 / 阿莫尔或

丘比特，

第 171 页

婚姻和成熟，

第 233 页

特别是在文艺复兴时期，希腊罗马神话中最受欢迎的艺术主题之一是阳刚的战神阿瑞斯 / 玛尔斯和迷人的爱情和生育女神阿佛罗狄忒 / 维纳斯（她实际上嫁给了赫菲斯托斯 / 伏尔甘）之间的激情。他们象征着相互对立但又相互吸引的原则，如男性和女性特质、侵略和和平，男神和女神之间的身体关系在寓言画中得到了很好的体现，也为艺术家提供了将一对近乎裸体的身体描绘成完美典范的机会。

爱情与战争

在法国艺术家皮埃尔·米格纳德（Pierre Mignard）的画作《玛尔斯和维纳斯》（1658 年）中，很容易辨认出古典时期的战神和爱神。在这幅作品中，阿瑞斯 / 玛尔斯身着盔甲拥抱阿佛罗狄忒 / 维纳斯，其身边有一对鸽子和小天使般的厄洛斯 / 阿莫尔 / 丘比特。

赫尔墨斯 / 墨丘利

赫尔墨斯 / 墨丘利是一位空中的神使，他的速度由他那带翅膀的帽子（宽边帽）和凉鞋表现出来。这位年轻的神最容易辨认的特征是他带翅膀的信使杖卡杜西斯，上面缠绕着两条蛇，象征着治疗和和平。

赫菲斯托斯 / 伏尔甘

小个子、瘸腿的赫菲斯托斯 / 伏尔甘在艺术中并不常见，但当他出现时，他可能被描绘成拄着拐杖的神。除此之外，这位火神和金属之神通常出现在一个火热的炉子旁，他的特征是：铁砧、锤子和钳子等铁匠的职业工具。

阿瑞斯 / 玛尔斯

作为战争之神，阿瑞斯 / 玛尔斯的形象通常是带着武器、头盔和盔甲，当与维纳斯 / 阿佛罗狄忒在一起时，这些东西可能被丢弃。狼也是他的特征（因为一只母狼为他的儿子罗慕路斯和雷穆斯哺乳），还有啄木鸟，因为他具有所谓的侵略性和破坏性。

阿佛罗狄忒 / 维纳斯

阿佛罗狄忒 / 维纳斯的可爱、感性和性欲在艺术中通过她的裸体和慵懒的姿势得到强调。这位自视甚高的美神可以用一面手镜来象征，而她与爱情和生育的关系可用厄洛斯 / 阿莫尔 / 丘比特、红玫瑰和白鸽以及其他花和鸟来代表。

古典时期的奥林匹斯神

另见
克里希纳，
第 105 页
月亮，
第 215 页

古典文学的重新发现和人文主义观念的发展，有助于宣告欧洲中世纪思想的终结，这在意大利的艺术中得到了令人振奋的反映，特别是在 15 和 16 世纪早期。尽管文艺复兴时期的艺术家们受到古典时期诸神惊心动魄的冒险和可疑道德的启发，但他们倾向于用符合当代理想的面孔和身体来描绘他们的主题，并经常将他们置于当代环境中。因此，将古老异教神灵的传统特征纳入其中，是识别他们的重要帮助。

奥林匹斯山的双胞胎

在法国艺术家尼古拉斯·德·普拉特－蒙塔涅（Nicolas de Platte-Montagne，1631—1706 年）的画作《尼俄柏的孩子》中，阿波罗和阿尔忒弥斯／狄安娜被画在上方，这对神圣的双胞胎代表母亲勒托惩罚夸耀的尼俄柏。

阿波罗

　　阿波罗是阿尔忒弥斯/狄安娜的孪生兄弟，是古典时期的太阳神，他耀眼的光芒在艺术中可以通过他的金发或光环来暗示，而箭可能象征着他的太阳光。七弦竖琴代表他对音乐的热爱，而月桂花环则暗示他失去了达芙妮。

阿尔忒弥斯/狄安娜

　　阿尔忒弥斯/狄安娜是月亮女神，她的头发上装饰着银色的月牙。因为她是一位健壮的女猎手，她可能穿着短袍，拿着弓和装满箭的箭筒，可能还带着一只猎狗。

雅典娜/密涅瓦

　　雅典娜/密涅瓦是理性、工艺和战争的守护神。作为英雄的守护神，她戴着头盔和斗篷（宙斯之盾）或印有美杜莎头像的胸甲。橄榄树是雅典娜的象征，但她的主要特征是猫头鹰，象征着智慧。

赫斯提亚/维斯塔

　　赫斯提亚并不总是算作奥林匹斯神中的一员，她照料着奥林匹斯山壁炉中燃烧的火焰，而她在罗马的对应神——维斯塔的火焰则在罗马神庙中持续燃烧着。她的火焰象征着生命的延续和和谐的关系。

古典时期次要的神和角色

另见

杜尔伽，

第 107 页

巴西利斯克，

第 201 页

　　许多古典时期的次要神灵和神话人物在艺术中被描绘出来，往往是因为他们有吸引力或象征性。例如，希腊的厄洛斯与罗马的阿莫尔或丘比特相提并论，被看作是一个厚脸皮的小天使，与他的母亲阿佛罗狄忒 / 维纳斯在一起，或者被看作美丽的普赛克的爱人。其他神灵提供了丰富多彩的主题，如酒神狄俄尼索斯 / 巴克斯，他和西布莉一样，是一个强大的神秘崇拜的焦点。西布莉有一个可怕的外表，但恐怖的视觉缩影是戈耳工美杜莎，她的蛇发和被斩的头颅被描绘成女魔脸形饰。

女魔脸形饰

　　左图是古城沃鲁比利斯（位于今天的摩洛哥）的一幅罗马镶嵌画的细节，其中可见排列巧妙的小块镶嵌大理石（小瓷砖），描绘了戈耳工美杜莎被砍下的头颅。人们认为这个女魔脸形饰有能力吓走邪恶势力的力量。

厄洛斯／阿莫尔或丘比特

　　长着翅膀的厄洛斯／阿莫尔或丘比特是年轻的爱神和欲望之神，他的形象激发了文艺复兴时期的丘比特裸像或爱情小诗（见第248页），他通常拿着弓和箭，以激起人们的情欲。他也可能被蒙着眼睛（因为爱是盲目的）或拿着火把（表示燃烧的激情）。

美杜莎

　　希腊神话中，美杜莎是戈耳工三姐妹之一，她的头发是蛇形的，目光令人毛骨悚然。她被珀尔修斯骗去凝视自己的倒影，然后被斩首，她的头被安放在雅典娜／密涅瓦的盾上。这个符号，即女魔脸形饰，被认为可以驱散邪恶。

狄俄尼索斯／巴克斯

　　葡萄和藤叶象征着狄俄尼索斯／巴克斯，古典时期的酒神和生育之神，有时也被列作奥林匹斯神之一。他的主要特征酒神杖，是一个葡萄和常春藤环绕的杖，顶端是一个松果，也是阳具的象征。

西布莉

　　西布莉最初是弗里吉亚女神，在古罗马被尊称为"伟大的母亲女神"（Magna Mater）。因此，在神话描绘中她戴着塔楼状的王冠登基，两边是象征她的凶猛狮子，也可能拉着她的战车。

古典时期的英雄

另见

英雄，第17页

蜘蛛，第13页

古典时期神话中充斥着有传奇色彩的英雄故事，如赫拉克勒斯和他的12项任务，他们在历代艺术中的形象证明了这种典型人物的持久和鼓舞人心的吸引力，以及他们无论如何都设法克服了显然无法克服的挑战。其他被描述为处于最高危险或胜利时刻的英雄包括忒休斯、珀尔修斯、伊阿宋和阿尔戈英雄。虽然女英雄在这些古老的叙述中只是偶然出现的人物，但比如说阿拉克涅和达芙妮的故事，同样涉及和象征着永恒的人类主题，并激发了一些令人难忘的形象。

《阿波罗和达芙妮》

这是意大利艺术家安东尼奥·德尔·波拉约洛（Antonio del Pollaiuolo，约1432—1498年）的一幅画，描绘了阿波罗——这位神在这里被描画成文艺复兴时期的王子——追上达芙妮的那一刻。不过，达芙妮还是顺利地变成了一棵月桂树。

赫拉克勒斯

赫拉克勒斯最初被描绘成一个婴儿，无论是被赫拉／朱诺喂奶还是勒死两条蛇，但他作为一个有缺陷的成年英雄的经历在艺术上更有共鸣。因此，他的主要特征是他的武器——一根棍子，和他身上穿的（尼米亚）狮子皮。

达芙妮

可爱的达芙妮激起了阿波罗的热情，但她逃离了他的追求，并乞求她的父亲——一条河，把她从他的魔掌中拯救出来，于是她被变成了一棵月桂树。这棵树现在象征着女神，神所戴的月桂花环也是为了纪念她。

伊阿宋

阿尔戈人的领袖伊阿宋被描述为拥有一头金色的长发，身披豹皮，这也是他的常见形象。然而，他最重要的特征是金羊毛，从科尔基斯取回金羊毛是阿尔戈英雄探索的目的。

阿拉克涅

在希腊神话中，阿拉克涅是一个年轻的女人，她是世界上最有天赋的织工，甚至比雅典娜／密涅瓦还要好，雅典娜把阿拉克涅变成了一只蜘蛛，以惩罚她的无耻。因此，蜘蛛或蜘蛛网，象征着富有创造力的阿拉克涅。

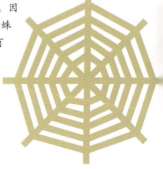

凯尔特人的神灵和神圣的符号

另见
拉丁十字架，
第 196 页

在凯尔特人的艺术中，可以看到与自然界的强大联系。例如，拉特尼风格的复杂装饰金属制品显示了抽象的、流动的、植物的形式，这已成为凯尔特人艺术的同义词。这些被认为是生育能力的象征，就像三个母亲女神和有角的神一样。但是，正如神圣的三女神可以代表出生、生命和死亡一样，在这种战士文化中，某些女神也因其与死亡和另一个世界的联系而受到崇拜。象征她们的动物经常被表现出来，圆圈也是如此，最初表示太阳轮和永恒。

凯尔特十字架

一个四臂上都叠加了同一个圆圈的十字架——在基督教传播到欧洲的凯尔特边缘地区特别是爱尔兰时，被作为基督教的象征。然而，它是一个更为古老的凯尔特神圣符号，它代表太阳轮、空间和基本方向。

圣轮和十字架

来自不列颠群岛的凯尔特十字架结合了凯尔特和基督教的符号，因此代表了神秘的异教徒和基督教思想的深刻融合。石质十字架被雕刻成浮雕，带有典型凯尔特艺术的流畅交错的图案。

切尔诺诺斯

切尔诺诺斯（"有角的人"）被认为是一个会变形的生育之神，因为他被描绘成一个有鹿角的人，被动物包围着，例如在大锅上。部分代表他的雄鹿象征着阳刚之气，而且因为其树状的鹿角每年都会长出新的，也象征着再生。

埃波娜

凯尔特人崇尚许多马神，其中最重要的是埃波娜，她被描绘成一个拥有一两匹马的女人。埃波娜被认为是马的生育女神，她在葬礼艺术中出现表明她也被认为是陪同死者（骑马）去另一个世界。

"母亲"或"母神"

许多标有"母亲"或"母神"的石像和浮雕从罗马－凯尔特时代流传下来。它们描绘了三个坐着的女人，她们带着婴儿、水果、面包和玉米等生殖力的象征，以及地球其他的馈赠。

战争女神

乌鸦漆黑的羽毛，对腐肉的嗜好，以及在战场上的存在，使得它们与死亡联系在一起，而它们聒噪的叫声使它们被视为预言者。因此，这些鸟象征着多变的凯尔特战争女神，包括爱尔兰的玛赫、芭芙和莫瑞甘。

北欧神圣符号

另见
树，第9页
珀伽索斯，
第 229 页

尤克特拉希尔指世界或宇宙之树（Yggdrasil），是北欧神话的核心。据称，它所包围的世界包括众神（阿斯）的家园阿斯加德，人类的家园米德加德，以及地下的世界尼福尔海姆。由奥丁领导的阿斯与华纳神族（生育精灵）结盟，但与众多敌对势力交战，其中包括邪神洛基，据说所有人都将在诸神黄昏的世界末日之战中灭亡。这种对自然和战争的双重强调，反映在北欧金属制品和画像石中。

超自然的骏马

在瑞典哥特兰岛特扬维德（Tjängvide）的一块 9 世纪画像石上，这匹飞奔的马有八条腿，它无疑是斯雷普尼尔。因为斯雷普尼尔是奥丁的马，所以画中骑着它的人物很可能是北欧众神的首领。

尤克特拉希尔

人们认为北欧的宇宙由尤克特拉希尔支撑。它滋养着四方的雄鹿，一只鹰住在它的顶端，一条龙住在它的底部。作为保护和永生的象征，尤克特拉希尔在诸神之战中幸存下来。

斯雷普尼尔

斯雷普尼尔是洛基和斯瓦迪尔法利的后代，是奥丁所骑的灰色八足骏马。对北欧人来说，马通常代表着财富和生育能力，斯雷普尼尔被誉为马匹卓越的缩影，能够在天堂和冥界之间平稳而迅速地穿行。

基利和弗雷奇

除了两只乌鸦，奥丁身边还有两只狼，名叫基利和弗雷奇。这两只狼以其贪婪的胃口而闻名（据说奥丁在瓦尔哈拉用盘子喂它们吃东西），它们象征着战士奥丁指挥下的凶猛和吞噬力，因此也象征着战斗的胜利。

古林博斯帝和希尔帝斯维尼

据说弗雷尔和芙蕾雅骑着金鬃野猪（古林博斯帝和希尔帝斯维尼），这些动物象征着华纳神族的生育能力。野猪是一种强壮而富有攻击性的动物，这可能就是为什么北欧战士会戴着带有野猪形象或徽章的头盔，以寻求华纳神族的生命保护。

基督教三位一体

另见
三角形，
第 19 页
拉丁十字架，
第 196 页

由于继承了犹太教在《旧约》中对神的形象表现的厌恶，基督教的三位一体（圣父、圣子和圣灵）最初是以符号方式表现的，通常是一个三角形。一个三角形包围着一只眼睛，或一只手从云中出现，可以表示圣父；希腊字母拼出的名字可以暗指圣子；一只白鸽或火焰可以表示圣灵。后来的"恩典宝座"描述显示，圣父是一位高高在上的天国统治者，支持着被钉在十字架上的基督，鸽子在头顶盘旋。

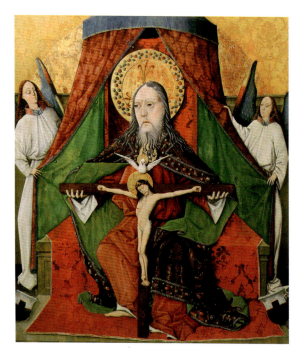

恩典宝座

《三位一体》（1471 年）是一幅"恩典宝座"或"慈悲座"画作，描绘了坐在天使侧翼宝座上的圣父，他手持十字架，上面钉着圣子。在基督的头顶上可以看到象征圣灵的白鸽。

阿尔法和欧米茄

在《新约》的《启示录》中，圣父说："我是阿尔法和奥米伽，是始也是终"，这就是为什么这些希腊字母的第一个和最后一个字符象征着他。它们可能被写在一本打开的书的书页上，暗指《圣经》。

圣灵

圣灵最常见的象征是一只白鸽，特别是在表现圣母领报和基督洗礼的画作中，《新约》的《马可福音》如是描述："圣灵像鸽子一样降在他身上"。

三叶草

三角形图案，如三条交错的鱼，在基督教艺术中象征着神圣的三位一体。其中包括三叶草，它代表三片连在一起的叶子，与圣帕特里克用来向爱尔兰人解释神圣的三位一体的三叶草相呼应。教堂的窗户也经常采用这种设计。

IHS

字母"IHS"或"IHC"（通常是缠绕在一起的）可以在基督教背景下看到，无论是在绘画中、教堂里还是在纹章盾牌上。这个标志来自希腊语中耶稣基督名字的首字母，因此象征着圣子。

耶稣的诞生和受难

另见
皇冠，
第 21 页

在中世纪、文艺复兴和反宗教改革时期的基督教艺术中，基督的生活场景是很受欢迎的题材，通常由虔诚的世俗赞助人以及宗教团体和官员委托，悬挂在小教堂、教堂、修道院和大教堂的祭坛之上。最受欢迎的莫过于描绘耶稣在伯利恒的诞生和在各各他的受难，虽然《新约》福音书为艺术家们提供了许多有关基督诞生和死亡的细节，但艺术上的许可经常被用来为这些场景增加深度和戏剧性。这里考虑了一些常见的符号细节。

东方三博士

《马太福音》只告诉我们，智者（拉丁语为 magi）从东方来寻找耶稣。艺术家们把他们描绘成三位戴着皇冠的国王，他们的年龄和肤色各不相同，带着黄金（象征着王权）、乳香（神性）和没药（死亡）作为礼物。

三位国王

莱昂纳多·迪·布列瑟农（Leonardo di Bressanone）在他的《三博士朝圣》（1460 年）这幅木版画中，把东方三博士描绘成了向婴儿耶稣致敬的三个国王。伯利恒星在孩子的头上闪耀，有六个点。

INRI

在耶稣死亡的场景中，可以看到在他被挂的十字架上方有一个标志，上面写着"INRI"。它们代表"拿撒勒的耶稣，犹太人的国王"的拉丁文缩写。《路加福音》中这个标志也是用希腊文和希伯来文写的。

伯利恒之星

引领智者来到伯利恒的"东方之星"（《马太福音》），通常在耶稣出生时所在的马厩上方闪耀。它通常被画成五角星或八角星，分别表示东方之星或金星（晨星）。

牛和驴

在《路加福音》中婴儿耶稣被放在马槽里，但没有提到牛和驴在凝视着他。它们的存在在《旧约》中得到了解释："牛认识他的主人，驴认识他主人的婴儿床。"（《以赛亚书》）

耶稣受难的工具

耶稣受难的工具，即基督的武器（"基督的工具"）经常出现在耶稣受难的画中。它们包括钉在耶稣手脚上的钉子、刺穿他身体的长矛和受难时使用的梯子。

圣母玛利亚

另见
莲花，
第 61 页、123 页

基督徒不敬奉女神，但敬奉圣母玛利亚，即基督的母亲。圣母生活中的某些情节在艺术中描绘出来，包括她在圣殿的模样、结婚、死亡、升入天堂和加冕。当然，她也出现在耶稣诞生和受难的场景中。最美丽的圣母画（意大利语中的"我的夫人"）是那些天使报喜图和圣母与圣婴图——通常是在封闭的花园（拉丁语是 hortus conclusus）中，暗指她的贞操和生育能力——以及《哀悼基督》，圣母抱着她被钉在十字架上的孩子的尸体。

《天使报喜》

在这幅由马尔蒂诺·迪·巴托洛梅奥（Martino di Bartolomeo）为 15 世纪的祭坛画所画的报喜图中，一朵象征纯洁的白色百合花，占据了天使长加百列和圣母玛利亚之间的突出位置。上帝的权威形象主持着下面的感人场景。

白百合花

白百合象征着玛利亚的美丽和一尘不染的纯洁（当白百合花装在一个花瓶中时，这可能表示她多产的子宫）。在《天使报喜》的场景中，天使长加百列可能拿着一朵长茎百合作为信使的手杖，他告诉年轻的处女她即将成为母亲。

玛利亚的蓝披风

玛利亚通常披着蓝色的披风，这种颜色象征着天堂、洗礼之水、奉献、怜悯和其他积极的品质。作为慈悲的圣母，她庇护着一群蜷缩的人，被描绘为保护的象征。

玛利亚的王冠

王冠标志着玛利亚作为天后的地位。星形的冠冕或光环可能暗示她是《启示录》中戴着12颗星冠的女人，或者是无玷受孕的处女。她也是海星圣母，即"海洋之星"。

圣母七苦

一颗被七把剑刺穿的燃烧的心象征着圣母玛利亚的七大悲痛。它们代表西默盎预言、埃及避难、耶稣失踪、苦路相遇、十字架下、怀抱圣尸和耶稣安葬七种苦难。

基督教的十二使徒

另见
教皇的纹章，
第 211 页

《最后的晚餐》

　　在大师林哈特·舍尔豪夫（Lienhart Scherhauff）的壁画《最后的晚餐》中，某些线索有助于识别叛徒犹大。其一是他背上的钱袋，另一个是他没有光环。

　　使徒们是耶稣挑选出来的传扬基督教福音的门徒。他们出现在叙述性场景中，说明耶稣生活中的故事——特别是最后的晚餐——以及在耶稣受难后他们自己的故事。虽然使徒的总人数一直是 12 人，但成员却有所不同，叛徒犹大被马提亚取代。所有的人都有符号特征，这里描述的是四位；关于另外两位，即传道人马太和约翰，见第 186–187 页；其余的使徒是巴多罗买、小雅各、西门、多马、达太和腓力。

圣彼得

作为一个渔夫，圣彼得的象征是一条鱼；一只公鸡象征着他对基督的否认。作为第一任教皇，交叉的金银钥匙（通往天国之门）或一块石头代表他。他也可以用他受难时被钉的倒十字架来表示。

圣大雅各

西班牙圣地亚哥的德孔波斯特拉神殿声称存放着圣大雅各的遗物，因此它成为一个重要的朝圣目的地，而朝圣者的标志反过来又成为他的特征。这些标志包括扇贝壳和朝圣者的手杖和帽子。

圣安德烈

圣安德烈，像他的兄弟彼得一样，曾经是个渔夫，因此可以用渔网来代表。然而，更多的时候，圣安德烈是由他受难时被钉在的 X 形十字架（称为圣安德烈十字架）来象征的。

叛徒犹大

叛徒犹大在客西马尼园用一个吻出卖了基督，所以在绘画中他经常做这个动作。在《最后的晚餐》场景中，他也紧握着钱袋。他的特征还包括30块银币、一件黄色斗篷和一根绳子。

基督教的四位传教士

另见
基督教的十二使徒，
第184-185页
羔羊和旗帜，
第197页

马太、马可、路加和约翰——是《新约》开篇四部福音书的圣人作者——被统称为四大福音书作者。其中两位，即圣马太和圣约翰，是基督的使徒或个人追随者，因此他们可能在表现耶稣死前和死后生活场景的艺术中被描绘出来。他们四个人最常由同质四象体象征，即圣经中《以西结书》和《启示录》中描述的野兽，他们身旁可能有代表《福音书》的书卷或书籍。

福音书的四象征物

在法国圣阿曼德9世纪卡洛林王朝手稿中的一幅插图中，一个十字架手臂将代表四福音书的鹰、有翼的牛、有翼的人和有翼的狮子分开。每个生物都拿着与之相关的《福音书》，中间是上帝的羔羊（羔羊经）。

圣马太

　　作为一名福音书传教士，圣马太的标志是一个有翼的人。据推测，这是因为《马太福音》强调了耶稣的人性。作为一名使徒，马太的标志可能是一个钱袋（他是一名税吏）或一把矛或剑（他殉教的工具）。

圣马可

　　圣马可的标志是一只有翼的狮子，将《马可福音》和这种生物匹配可能是因为，前者侧重于基督的神圣威严，而后者在传统上是野兽之王（带翅膀的狮子也是威尼斯的标志，马可的遗物就安放在那里）。

圣路加

　　有翼的牛代表圣路加（圣保罗的门徒）和《路加福音》。人们认为，牛在古代是一种祭祀动物，而《路加福音》的叙述集中在耶稣之死的祭祀方面。

圣约翰

　　一只鹰代表着福音书传教士圣约翰，也许暗示着他精神上振奋人心的《约翰福音》和基督升天之间的象征性联系。作为一名使徒，面目清秀的约翰在最后的晚餐时靠在基督身上或站在十字架旁。一个带有蛇的圣杯也象征着他。

基督教圣徒

另见

宝瓶，

第 113 页

羔羊和旗帜，

第 197 页

在基督教信仰中，圣人是指那些因圣洁而在天堂获得一席之地的人。他们包括与基督同时代的人，如施洗者圣约翰、抹大拉的圣玛利亚和使徒；传道者；那些为基督教会奉献一生的人（如教皇、主教、牧师、修士和修女）；以及为其信仰而死的殉道者或有特殊基督教事迹的人。圣人可以是单独的，通常是出于虔诚的目的，也可以是集体的——无论是在天堂的描绘中，还是在"神圣的对话"场景中围绕着圣母和圣婴。

从罪人到圣人

阿拉贡画派在 15 世纪晚期为祭坛后部高架创作了一幅油画，画中抹大拉的圣玛利亚高举着她的药膏罐，这是她最常被描绘的特征。作为一个曾经的罪人，玛利亚在绘画中经常留着长发，穿着昂贵的衣服。

施洗者圣约翰

施洗者圣约翰是一个苦行的沙漠居民，所以他总是留着蓬乱的胡子和头发（如果没有被斩首的话），穿着骆驼皮，例如在给耶稣施洗时。他常见的特征是他手持的芦苇十字架和一只羔羊（代表基督）。

抹大拉的马利亚

抹大拉的马利亚是拉撒路和马大的妹妹，被称为改过自新的罪人。她给基督抹油，然后用自己的头发为他擦干脚。她华美的（有时是红色的）衣服、飘逸的头发和装有香膏的瓶子可以用来象征她。

圣尼古拉斯

圣尼古拉斯是儿童的守护神，据说他曾使三个被谋杀的男孩复活。这位4世纪土耳其米拉的主教还拯救了水手，这就是为什么他的特征之一是一个锚，而三个金球代表他给三个没有嫁妆女孩的钱。

圣乔治

圣乔治是为基督教殉道的罗马士兵。他有几个特点，其中包括他从龙手中救出公主时穿的盔甲——这是他的特征，也是撒旦的象征——以及圣乔治的十字架（红底白字，代表胜利）。

基督教圣徒

处女殉道者

一个 16 世纪的德国彩绘木制祭坛描绘了两位戴着殉道者头冠的圣徒,一条龙表明左边的是安提阿的圣玛格丽特,而她那支撑着塔的同伴是圣巴巴拉。

大多数圣人都有忠实的追随者,许多以单个圣人为主题的艺术作品都是由感到与他们有特殊精神联系的个人或团体委托创作的。这可能是因为人们相信圣人会代表他们向上帝求情(也许是圣人与某种疾病有关),他们建立了献给圣人的教堂,圣人建立了他们的修道会或修女会,或者因为圣人是一个合适的守护神——例如一个国家、城市、社会、职业、专业或状况的守护神。

圣尤斯塔斯和圣休伯特

圣尤斯塔斯和圣休伯特（比利时 Liège）在艺术上都可以用一只雄鹿来暗示，雄鹿华丽的鹿角围着一个十字架，因此它代表了基督。两人在打猎时遇到了这只雄鹿，然后他们皈依了基督教。

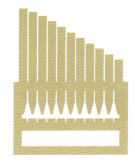

圣塞西莉亚

在文艺复兴时期的艺术中，圣塞西莉亚的典型形象是手持一个由刻度管和键盘组成的便携管风琴。作为音乐家的守护神，这位不情愿的新娘据说在管风琴的伴奏下（默默地）唱出了她对上帝的忠诚。

圣巴巴拉

圣巴巴拉的特征是一座塔，通常有三个窗户（象征着神圣的三位一体），这代表了她的异教徒父亲用来囚禁她的建筑。因为他被雷击而死，所以圣巴巴拉是矿工、枪手和其他有爆炸危险的人的守护神。

圣安布罗斯、圣约翰金口和克莱尔沃的圣伯纳德

蜂巢是圣安布罗斯（米兰主教）、圣约翰金口（君士坦丁堡大主教）和克莱尔沃的圣伯纳德（西多会修道院院长）的共同特征，他们都以甜言蜜语而闻名。

基督教殉道者

另见
命运之轮，
第 43 页
金法轮，
第 115 页

那些宁死也不放弃自己信仰的圣徒被归类为殉道者。由于许多人因此遭受了真正痛苦、可怕的死亡（而且在许多情况下，人们对他们知之甚少），因此他们死亡的工具成了他们的属性，这就是为什么许多圣人殉道者可能以武器作为象征。在代表天堂的"万圣"或"上帝之城"中，也可以通过他们的皇冠（皇冠表示他们战胜了死亡），以及他们可能持有的棕榈枝来区分殉道者。

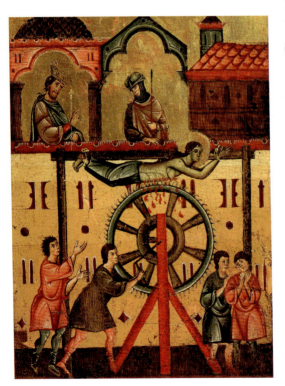

凯瑟琳之轮的原型

圭多·达·锡耶纳学校为《四圣徒史》(1280 年)创作的一幅插图，显示了亚历山大的圣凯瑟琳殉难的可怕场景。照片中的她被钉在布满刀刺的轮子上，这已经成为她的识别标志。

圣乌苏拉和圣塞巴斯蒂安

圣乌苏拉和圣塞巴斯蒂安的特征都包括一个或多个箭头。因为据说乌苏拉（和她的处女伙伴们）是被匈奴人用一支箭射死的，而塞巴斯蒂安则是被罗马弓箭手当作靶子练习，然后被棍棒打死的。

圣阿加莎

阿加莎是一位将自己奉献给基督的处女圣徒，因拒绝罗马执政官昆提利安而被罚在西西里岛殉教。她的特征包括折磨她的钳子和她被切断的乳房，因此可能被描绘在一个盘子里。

亚历山大的圣凯瑟琳

罗马皇帝马克森提乌斯下令处死亚历山大的处女圣凯瑟琳，因为她拒绝与之结婚。她的特征是（凯瑟琳）轮子，一个带刺或带刀的轮子（在它刺穿她之前就被天使击碎了），还有那把最终将她斩首的剑。

棕榈枝

在古罗马，棕榈枝最初代表军事上的胜利（也许是因为它有太阳的象征意义）。这个象征着战胜迫害者的符号后来被早期的罗马基督徒采用，象征着对死亡的胜利或复活，这也使它成为基督教殉道者的一个特征。

基督教天使

另见
天使，
第 27 页
正义，
第 205 页

尽管天使起源于犹太教和《旧约》，但它在基督教艺术中也经常出现。据说有九个天使唱诗班或称修会，围绕着上帝的宝座，第一个等级（顾问）包括撒拉弗（炽天使）、基路伯（智天使）和座天使；第二个等级（管理者）包括主天使、力天使和能天使；第三个等级（使者）包括权天使、大天使和天使。在艺术描绘中，这些天国的主人可能演奏着音乐，象征着神圣的和谐，而大天使和天使可能被描绘成在地球上充当上帝的使者和正义与保护的工具。通常只有三位大天使被描绘出来：加百列（通常出现在天使报喜的场景中）、米迦勒和拉斐尔。

炽红的撒拉弗

虽然他们每个人都只有两个翅膀，但他们的红色色调表明，围绕着宝座上的圣子或基督的无实体天使是撒拉弗。这幅引人注目的 15 世纪图像来自意大利奇亚（Chia，撒丁岛的一个村）的一座教堂，由三联画的大师绘制。

撒拉弗、基路冰和基路伯

　　撒拉弗和基路冰象征着神圣的智慧，它们被描绘成六个翅膀围绕着上帝。撒拉弗是红色的，基路冰是蓝色的，分别与白天和黑夜有关。孩童般的基路伯（丘比特裸像或爱情小诗）起源于古典，其灵感来自对厄洛斯／阿莫尔或丘比特的描绘。

拉斐尔

　　拉斐尔是与治疗和保护有关的天使长，通常被描绘在圣书《托比书》的场景中——例如，作为一个旅行者陪伴着年轻的托比亚斯。他可能背着钱袋和水罐，拿着朝圣者的杖、鱼或装有治疗药膏的小盒子。

圣米迦勒

　　圣米迦勒是执行上帝意志的天使长（例如将亚当和夏娃赶出天堂），并确保正义得到伸张。在艺术作品中，他可能穿着盔甲，拿着剑；或者，在最后的审判场景中，他手持天平，对复活的人进行称重。

天使

　　作为光明、善良和美丽的精神生物，天使被描绘成有可爱和宁静的面孔，并可能散发出光影或被光环所覆盖。他们的羽翼象征着他们的天性，以及他们代表上帝扮演的信使角色。

基督教的神圣标志

另见
**耶稣受难的工具，
第 181 页**

一些最常见的基督教符号也是最古老的。例如，鱼的优雅轮廓至少可以追溯到公元 1 世纪，当时基督徒受到迫害，他们在罗马地下墓穴中刻下了这个秘密符号。而使用凯乐符号来代表基督教至少可以追溯到公元 312 年，大约一个世纪后被十字架所取代。尽管十字架仍然是基督教的终极象征，但其他的象征——包括羔羊和旗帜以及圣心——同样深刻地暗示了基督为人类之爱所做的自我牺牲。

拉丁十字架

十字架让人想起基督被钉死在十字架上的情景，它现在是基督教最重要的标志。它有许多变体，但上图所示的拉丁十字架是艺术中最常见的，也是西方教堂平面图的灵感来源。

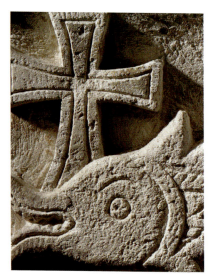

古代信仰的表达方式

十字架和鱼——基督教和基督的标志——被刻在一块可以追溯到 4 或 5 世纪的石雕上。这是在埃及荷蒙蒂斯古城（Hermonthis、Ermant 或 Armant）废墟中的科普特基督徒墓地发现的。

凯乐符号

正如它的名字之一 chi-rho 所暗示的那样，这个符号也被称为基督的象征。两个希腊字符 chi 和 rho，是希腊语中基督名字的前两个字母。作为拉伯兰旗，它装饰在君士坦丁一世的罗马军队的盾牌上。

鱼

鱼象征着基督和基督教的一个原因是：鱼可能暗指最后的晚餐和圣餐；另一个原因是：鱼的希腊语单词 ichthys 是 Iesous Christos, Theou Yios, Soter（"耶稣基督，上帝之子，救世主"）的缩略词。

羔羊和旗帜

在艺术上，羔羊象征着为救赎人类而牺牲自己的基督，因此被等同于传统上在犹太人逾越节的第一天献祭的羔羊。作为上帝的羔羊（《羔羊经》），它经常携带胜利或复活的旗帜。

神圣的心

一颗被荆棘冠冕环绕、有时被钉子（这些都是耶稣受难的工具）刺穿的心脏，上面燃烧着火焰，象征着基督对人类炽热的爱和他为救赎人类的罪孽而做出的可怕的自我牺牲。

基督教的圣洁符号

另见
皇冠，
第 21 页
旺吉纳神灵，
第 239 页

从 5 世纪开始，光轮或光环是基督教艺术中神圣性或圣人的最明显的象征，其典型形式是一个金色或有光芒的圆圈、圆盘或圆环，要么围绕着圣人的头部，要么盘旋在其上方。光环的灵感来自从云层中放射出来的太阳光，以及类似的太阳神的冠冕，如古典时期的赫利俄斯／索尔和阿波罗。光环最简单的形式是普通的、没有装饰的圆形。几个世纪以来，各种类型的光环，包括三角形、十字形和方形，都有微妙的不同象征意义。

神圣的光环

在 16 世纪意大利艺术家保罗·纳瑞哲（Paulo Naurizio）的画作《圣母和圣徒的加冕》中，可以看出不同的光环。左边风格化的十字形光环是耶稣基督的标志，而它对面的三角形光环则颂扬圣父，下面的圣徒则被圆形光环所突出。

圆形光环

基督和上帝的羔羊是第一个以圆形光环来区分的圣人——圆形象征着天堂——但它最终也成为天使和圣徒的特征，无论是作为一个勾勒头部的坚固圆盘还是一个倾斜在头部上方的环。

三角形光环

三角形光环有三个点，代表着圣父、圣子、圣灵三位一体。虽然在描绘中它有时用于美化婴儿耶稣（圣子）的头部，但圣父只戴着三角形光环。

十字形光环

虽然十字架象征着基督教，但被钉在十字架上的是耶稣基督，这就是为什么在基督教艺术中，只有耶稣基督通常戴着一个圆形光环，里面是十字架形状。在对圣父的描绘中，偶尔也能看到这种光环。

方形光环

正方形象征着地球，所以当一个人戴着正方形（或长方形）的光环时，预示着这个人在艺术品创作时仍然活着——活在地球上。方形光环中隐含着圣人的身份，它最常出现在教皇的画像中。

基督教的圣洁和诅咒符号

另见

心灵审判的仪式，

第 56 页

圣米迦勒，

第 195 页

基督教的圣洁和救赎概念与邪恶和诅咒概念——如耶稣和天上的天使以及撒旦和地狱的恶魔所代表的那样——截然相反。金色的光环以及精致的羽毛翅膀可以识别善的力量，相反，山羊的角和腰，蛇形的尾巴和皮革的黑蝙蝠翅膀可能是邪恶怪物的特征。这种对比在基督的引诱和"最后四件事"的场景中得到了生动的体现：一个人的死亡、最后的审判、天堂和地狱。

《最后的审判》

在 13 世纪西班牙瓦尔德里贝斯的祭坛镶板索里格拉大师创作的《最后的审判》中，诅咒和神圣之间有明确的区别。左边的地狱人物旁边是一个被诅咒的灵魂，正被圣米迦勒与天堂里的对应人物权衡。

光环和曼多拉

　　一个云状的"身体光环"也被称为"鱼鳔"，而有风格的椭圆形光环被称为曼多拉。这些神圣力量的象征通常在基督升天和变容时包围他的身体，以及在圣母玛利亚受洗时包围她的身体。

撒旦

　　撒旦，或称魔鬼，是邪恶的化身。虽然是个伪装大师，但他杂交的身体——也许有山羊的角和腿，堕落天使的翅膀，爪子或蹄子和鳞片状的尾巴——揭示了他可怕的本质。龙、蛇或巴西利斯克也可能象征着他。

巴西利斯克

　　畸形的巴西利斯克在中世纪艺术中象征着撒旦，也表示各种罪孽。巴西利斯克通常被描绘成公鸡的头和脚、蝙蝠的翅膀和龙或蛇的身体，它的尾巴尖上有第二个头。据说它邪恶的眼睛是致命的。

恶魔和小鬼

　　恶魔和精灵是地狱里的生物，是撒旦忙碌的仆人，在其主人的画像中出现，尽管明显比他小。它们一般被描绘成黑色的皮肤、角、爪子一样的手和脚，还有箭头状的尾巴。

基督教的七宗罪

另见

熊掌，

第87页

七宗罪是教皇格里高利一世在6世纪首次列出的，人们认为，沉溺于七宗罪的人将受到永恒的诅咒，并在撒旦小鬼的手中遭受无尽的折磨。这七种罪是色欲（拉丁语为 Luxuria 或 Libido）、暴食（Gula）、贪婪（Avaritia）、懒惰（Acedia 或 Pigritia）、暴怒（Ira）、嫉妒（Invidia）和傲慢（Superbia），在中世纪和文艺复兴时期的艺术中，这七种罪经常被描绘成寓言式的人物（通常是女性，有时长了角）。

贪婪

贪婪的主要特征是金钱，用钱币或钱袋来象征；此外，宝箱（或其钥匙）可能象征着对财富的盲目贪婪，蒙上眼睛可能暗示了这一点。贪婪也可以用秃鹰或猛禽来代表，它们以其他动物为食。

贞洁战胜了色欲

在这幅16世纪的插图中，贞洁站在色欲之上。色欲穿着一件不雅的红色衣服，骑着一只健壮的山羊，然而贞洁却让它屈服了。

色欲

  色欲可以通过她周围的激情火焰来识别，也可以通过同伴动物来识别。因为像山羊（公牛、熊、野猪、公鸡、鸽子、兔子）这样的动物因其无节制的"动物激情"而特别引人注目。

暴怒

  暴怒的形象可能被描绘成愤怒地挥舞着武器，有时还准备同时发射三支箭。凶猛的、具有攻击性的动物也可能在艺术中表示暴怒，其中熊、狮子和狼是首要的。

暴食

  猪有狼吞虎咽的习惯，这使得猪与贪食联系在一起。贪食——通常被描绘成肥胖的身体——因此可能被描绘成骑着猪，或与被认为是贪婪的狼或熊一起。

懒惰

  懒惰可能由一种行动缓慢的生物（如蜗牛），或一种据说是懒惰或不愿意行动的生物（驴、猪和牛都属于这一类）来代表。浪费时间的游戏，如纸牌或掷骰子，也可能象征懒惰。

嫉妒

  嫉妒可能被描绘成一个憔悴的女人，她的头发呈蛇形，一只手抓着一条毒蛇，这条毒蛇在吃她另一只手中的肠子或心脏。嫉妒可能伴随着一只咆哮的、瘦骨嶙峋的狗，也可能是一只蝎子。

傲慢

  中世纪对骄傲的描绘通常是一个从马上摔下来的人——骄傲先于跌倒。后来的寓言人物可能会拿着镜子或小号，和孔雀、狮子或老鹰在一起，这些动物都以自视甚高而闻名。

基督教的七美德

在中世纪，基督教美德可以被描绘成将各种恶习踩在脚下，或以其他方式击败它们，展示善对恶的胜利的女性化身。七美德被描绘得特别频繁，有时与七宗罪相对立。其中四种被归类为基本美德：宽容（拉丁文为 Prudentia）、正义（Justitia）、勇敢（Fortitudo）和节制（Temperantia），都是柏拉图在《理想国》中命名的，是理想公民应该具备的品质。剩下的三种——诚信（Fides）、希望（Spes）和慷慨（Caritas）——是圣保罗最初指定的神学美德。

勇敢

勇敢通常被描绘成一个戴着头盔、手持武器的女战士，如古典时期的英雄赫拉克勒斯携带的棍子，她也可能穿着狮子皮。她通常站在一根柱子旁，暗指《圣经》中的强人参孙。

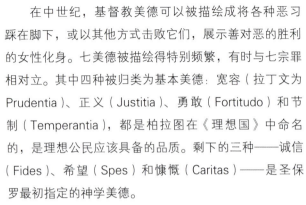

合理的宽容

意大利艺术家安东尼奥·德尔·波拉尤奥洛（Antonio del Pollaiuolo，约 1432—1498 年）和他的兄弟皮耶罗·德尔·波拉尤奥洛（Piero del Pollaiuolo，1443—1496 年）熟练运用透视法，创作了左图中栩栩如生的象征宽容的寓言人物。她的右手拿着一面镜子，左手拿着一条蛇。

宽容

宽容可以表现为一个有三个头的女人——代表记忆、智慧和远见——凝视着镜子，手持一条或几条蛇。她的特征还包括一本书、一副罗盘、一个筛子和一只雄鹿。

正义

正义的寓言人物可能被描绘成一个戴着眼罩，通常一手拿着剑，另一手拿着一架天平的女性。在她的其他特征中，有时会有一只狮子、一个地球仪、一组方块和圆规，以及罗马的束棒或一捆棒子。

节制

许多特征都可以代表节制，包括一把剑鞘中的剑、一个马缰绳、一个火把和一个计时器。然而，这种美德最常见的表现是一个女人将水从一个容器倒入另一个容器，暗示她正在稀释一壶酒。

诚信、希望和慷慨

诚信、希望和慷慨是由一个十字架、一个锚和一颗心共同象征的。与十字架一起，圣杯表示诚信；像锚一样，船、乌鸦和花代表希望；而慷慨（爱）可以用心、火焰、水果、婴儿或鹈鹕来表示。

身份符号

英国出生顺序和性别的纹章符号

另见
欧洲纹章盾形，
第33页
骑士的马刺，
第33页

英国（和欧洲）纹章学的起源，即严格规范的纹章系统，是在中世纪早期，当时的朋友、属下和敌人都必须能够在战场上识别出一个骑士。这就是为什么纹章符号（在纹章学语言中称为"寓意物"，见第246页）被画在男子的盾形纹章上（或女子的菱形盾牌上），以及为什么当纹章世袭时，各种线条（这里显示了其中的三个）被用来区别纹章，以便识别纹章持有者及其在家族中的地位。

纹章卷轴

在约克郡领主的徽章、盾形纹章和家族徽章中央那一排的左侧盾形纹章的顶部，可以看到一个用来区分长子的标记。这些都是由纹章官威廉·巴拉德（William Ballard）在1483年左右以手稿形式记录的。

新月形

　　新月形纹章（采用月牙形式，其"角"朝上）是一个家族中第二个儿子的标志。这个月牙和其他的线条一样，通常在盾形纹章的中间，在顶部边缘以下。

鲻鱼

　　第三个儿子由他盾形纹章顶端的一个中心位置的鲻鱼（一个五角星）象征。鲻鱼是由骑士的马刺上的小齿轮或带刺的圆盘演变而来，它也被描绘成一个五角星，不同的是它在中间被刺穿。

菱形

　　根据纹章学的惯例，只有已婚贵族妇女的纹章才会被刻在盾形纹章上，与她们丈夫的纹章并列。在未婚和离婚的妇女菱形的盾牌上刻着其父亲的纹章，而寡妇在菱形盾牌上刻的是其婚姻纹章。

标签

　　标签（一根横杆，上面悬挂着三个垂直的"点"）是表示长子身份的标志。现在，三点式的标志（根据情况加以区别）也可以表示英国君主的孩子（包括女儿），而五点式的标志则可以表示王室孙子。

英国纹章牌

另见
皇冠，
第 21 页
独角兽，
第 229 页

在纹章学的语言中（见第 246 页），盾形纹章的背景颜色（盾面）是一种特定的色泽（红色、天蓝色、黑貂色、绿色或紫色）或金属色（金色或银色）。盾面可以用分割线来划分，"普通图记"描述盾面上的所有几何形状，"寓意物"表示符号或徽章。在纹章牌中，头盔位于盾牌之上表示持有者的等级，上面有一个花环或冠冕，将盔甲固定在上面；整个纹章牌之上有一个徽章。盾牌两侧有两个支撑物，下面通常会出现一句格言。

皇家纹章

1838 年维多利亚女王加冕仪式上使用的华丽椅子上的一个细节展示了皇家纹章（英格兰、苏格兰、爱尔兰和英格兰各占四分之一），狮子和独角兽在两侧作为支撑物。盾形纹章的上方是一只站在皇冠上戴着皇冠的狮子的徽章。

倾斜的头盔

一个展示钢制倾斜头盔的纹章牌，面向盾徽右侧——朝向持有者的右边——标志着持有者是一位贵族或绅士（或一个法人）。这种头盔曾经在倾斜比赛中提供保护，有眼缝，但没有面罩。

障碍物头盔

当纹章牌中的盾形纹章顶部有一个钢制头盔，有一个凸起的面罩（称为障碍物头盔），朝向持有者的右边或朝向正面（看着观看者），这象征着一个男爵或骑士。

支撑物

盾形纹章两侧的一对支撑物表示持有者是一个骑士团的贵族或骑士。支撑物通常是动物、鸟类、纹章兽或人。上图是英格兰国王亨利八世的支撑物，一只金狮和一条红龙，象征着英格兰和威尔士。

徽章

纹章是镶嵌在头盔上的一个三维标志。它通常不在女性的纹章牌中出现，因为女性是非战斗人员。女性君主是一个例外，女王伊丽莎白二世的纹章（上图）是一只戴着皇冠的狮子，从正面看它四足站立在皇冠上。

欧洲大陆的纹章符号

另见

白百合花，

第 183 页

圣彼得，

第 185 页

在欧洲不同国家发展起来的纹章体系有很多共同点，但也有明显的区别：例如，意大利纹章学中的盾形纹章形状往往更像马头，而不是战士的盾形纹章。在整个欧洲的纹章中，某些纹章已经成为某个国家、王国、家族或职位的同义词，以至于它们已经成为其象征，著名的例子有百合花饰（象征法国）、马耳他十字架（象征马耳他）以及教皇三重冕和交叉钥匙（象征教皇）。正如城堡和狮子所表明的那样，表示卡斯提尔和莱昂的图形画谜也是泛欧的。

纹章狮子和城堡

莱昂和卡斯提尔国王阿方索十世的照片出现在《皇家特权》的索引中，这是一份 12 或 13 世纪的西班牙手稿。他的盾形纹章和马衣显示了莱昂的狮子和卡斯提尔的城堡，这些都是今天西班牙皇家徽章的特征。

百合花

　　法语 Fleur-de-lys 代表一朵造型优美的百合花。这种纹章或标志曾经是法国王室的代名词（并出现在继承法王位的英国君主的纹章中），也代表意大利城市佛罗伦萨。

马耳他十字勋章

　　马耳他十字勋章是一个四臂八尖的十字架。它最初是耶路撒冷圣约翰骑士团的徽章，在1529年医院骑士团进驻马耳他后，变成了马耳他的象征。

教皇的纹章

　　上面显示的教皇纹章是保罗六世（1963—1978年担任教皇）的徽章。它们包括象征圣彼得的金银交叉钥匙；教皇三重冕；以及位于中央的意大利马头盾形纹章，上面印有百合花和风格明显的山丘。

西班牙的国徽

　　西班牙国徽展示了象征卡斯提尔王国（城堡）、莱昂王国（横行的狮子）和纳瓦拉王国（"orle"，即链条的边界）以及阿拉贡的托盘（垂直细带）的各四分之一。此外，还包括表示格拉纳达王国的石榴，以及波旁王朝的百合花。

纹章和文艺复兴时期的箴言牌

另见

玫瑰窗，第 163 页

阿佛罗狄忒／维纳斯，

第 167 页

纹章是独立的符号，代表并识别个人、家庭（家族）、法人团体或重要官职。在中世纪，他们通常由家臣或助手佩戴，作为对某个人、家族或王朝效忠的可视宣言。经常出现在文艺复兴艺术中的箴言牌（"图画"的意大利语）虽然没有被归类为纹章，但也是个人或王朝的标志。箴言牌包括一个图形化的"身体"（拉丁语为 corpo）和一个座右铭或灵魂（"精神"），两者都经过精心挑选，以表达一种特定的品质或特征。

伊丽莎白的徽章

作为亨利七世的孙女，伊丽莎白一世的徽章之一是都铎玫瑰。《阿玛达珠宝》（约 1585—1590 年）的内壳是由尼古拉斯·希利亚德（Nicholas Hilliard）在上釉前绘制的，上面有女王的肖像；外壳上则是一朵都铎玫瑰。

白鹿

白鹿（或公鹿）是英格兰国王理查二世（1367—1400 年）的徽章。白鹿"戴着金冠"，其高贵的形象由环绕其颈部的金冠来象征。

都铎玫瑰

都铎玫瑰是都铎王朝的徽章，该家族在 1485—1603 年统治英格兰和威尔士。它融合了兰开斯特家族的红玫瑰和约克家族的白玫瑰，象征着玫瑰战争的终结，该战争以亨利七世的加冕而结束。

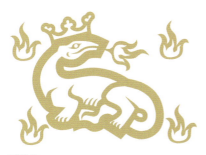

冠蝾螈

被火焰环绕的冠蝾螈是法国国王弗朗索瓦一世（1494—1547 年）的箴言牌。它附随的座右铭是"我滋养【好的】，扑灭【坏的】"，据说冷血的蝾螈可以用它们的身体扑灭火焰。

美第奇箴言牌

美第奇家族从 1434 年到 18 世纪一直统治着佛罗伦萨。作为艺术的赞助人，他们委托创作的许多画作都有美第奇家族留下的箴言牌，如三个互连的镶钻戒指，有时还附有"永远"一词的拉丁文（Semper）。

符号系统

西方黄道十二行星

另见

赫尔墨斯／墨丘利，
第 167 页
处女座，
第 221 页

在占星学信仰中，行星在管理黄道十二宫方面发挥着重要作用。当看到它们在艺术中的描述时，无论是表现为罗马神还是用图像字符来象征，请记住占星术和天文学中的行星是不同的。尽管两者中的水星、金星、火星、木星、土星、天王星、海王星是共同的，但占星术包括太阳和月亮，不包括地球。天王星、海王星分别在 1781 年和 1846 年才被发现，因此这些行星在较早的艺术作品中没有出现。

墨丘利的战车

西班牙萨拉曼卡大学旧图书馆圆屋顶中的一幅 16 世纪的壁画描绘了墨丘利，他手持卡杜西斯杖（由他的字形代表），驾驶着他的战车穿越天空。水星是双子座和处女座的守护行星，双子座和处女座在战车的轮子中得到体现（处女座也出现在水星上方）。

太阳

太阳是古典时期的赫利俄斯／索尔或阿波罗的化身，作为一个占星学的"行星"，太阳守护着黄道十二宫中的狮子座，为其注入亮度和温暖，赋予它创造性、充满活力、自负和自信等特征。象征太阳的符号是一个圆内的点。

月亮

多相的月亮与处女、母亲和老妪的守护女神有关，如古典时期的阿尔忒弥斯／狄安娜、塞勒涅、露娜和赫卡忒，也与三女神有关。这个"行星"的符号是一弯新月，守护着黄道十二宫的巨蟹座，它赋予巨蟹座以敏感和接受力。

水星

水星是绕太阳运行最快的行星，它等同于罗马的信使神（希腊的赫尔墨斯），它的符号代表着他带翅膀的帽子、头和墨丘利的卡杜西斯杖。水星守护着双子座和处女座，它赋予双子座以智慧、多才多艺和沟通能力。

金星

这颗闪亮、美丽的行星被等同于罗马的爱神维纳斯，其符号代表她的手镜或项链。金星守护着金牛座和天秤座，赋予它们女性的特质，如社交能力和自我放纵。

火星

火星的符号——也是男性特质的符号——描绘了盾牌和长矛，与这颗血红色的行星相称，它的名字与罗马战神同名。火星掌管白羊座（传统上也包括天蝎座），它将诸如自信、竞争和决心等男子气概的特征赋予白羊座。

西方黄道十二行星

另见

波塞冬 / 尼普顿，

第 165 页

土星

摩羯座（传统上也包括水瓶座）的守护星是土星，萨图恩是罗马的农业之神，其对应的希腊神是克洛诺斯，他的镰刀在行星的符号中被勾画出来。土星的特点包括坚韧、保守、谨慎和勤奋。

　　曾几何时，占星术和天文学是无法区分的，当时所有的观星者都相信行星是围绕着地球运转的，而且他们把太阳和月亮也包括在这七颗行星之中。基于托勒密体系的天体图反映了这种地心主义的安排，其中象征太阳、月亮、水星、金星、火星、木星和土星的符号被显示为围绕地球运行。这些"行星"也可能被描绘成它们名字由来的神和女神，有时驾着战车在天空中飞驰，有时与它们特定的黄道星座或太阳星座（或标志）并列。

托勒密的平面天体图

　　这幅来自安德烈亚斯·塞拉里乌斯（Andreas Cellarius）的《和谐大宇宙》（1660 年）的托勒密平面图的中心，显示了"七个天体"环绕着地球的景象。当太阳在它周围闪耀时，月亮、水星、金星、火星、木星和土星都驾驶着战车，以符号的形式出现。

木星

以罗马诸神领袖的名字命名，木星赋予射手座扩张主义、蓬勃和自由的倾向，射手座是由"大益神"（Great Benefic）统治的星座（传统上与双鱼座一起）。木星的符号可能代表希腊语的 Z（代表宙斯，朱庇特的希腊对应神），或者是神的鹰。

天王星

天王星在 1781 年被威廉·赫歇尔（William Hershel）发现后成为水瓶座的守护星，他在水瓶座的字形中以 H（他姓氏的首字母）作为纪念。据说天王星是水瓶座人古怪、实验和创新行为的原因。

冥王星

冥王星的存在直到 1930 年才被证实，但它是由帕西瓦尔·罗威尔（Percival Lowell）预测的，它的符号代表了他的首字母（也拼出了罗马冥神名字的前两个字母）。现在冥王星被降级为"矮行星"，这颗具有变革性的、神秘的冥王星掌管着天蝎座。

海王星

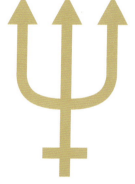

海王星，如今是双鱼座的守护星，直到 1846 年才被发现。它的符号代表罗马海神的三叉戟（其对应的希腊神是波塞冬），而它赋予双鱼座的品质，包括无意识的冲动、直觉和多梦，都与水有关。

西方的十二星座

另见

中国十二生肖，

第 41 页

西方的十二星座，

第 41 页

　　虽然西方黄道十二宫的起源是在美索不达米亚，但古希腊人发展了我们今天所熟悉的占星系统。与太阳年相呼应，黄道十二宫的年周期始于春分——白羊座是十二星座中的第一个星座，随后是金牛座、双子座、巨蟹座、狮子座、处女座、天秤座、天蝎座、射手座、摩羯座、水瓶座和双鱼座，大约每月间隔一次。在艺术上，每个星座都可以通过其具象描绘来象征——例如，一只公羊表示白羊座——或通过其符号来象征。

黄道带圆圈

　　按照传统，左边这幅13世纪的插图中，西方十二星座被排列成一个圆圈或轮子，代表着永恒的时间循环。原作出现在普罗旺斯的一部手抄本中：《爱的祈祷书》(Le Bréviaire d'Amour)，作者是埃尔门戈尔·贝济耶 (Ermengol de Béziers)。

白羊座

    白羊座在 3 月 21 日左右拉开了黄道十二宫的序幕。白羊座的守护星是火星，它的元素是火，它属于基本星座，他的极性是阳性，这种组合的影响是有力的、有活力的和积极的。白羊座的符号是代表一对公羊角的造型。

金牛座

    金牛座大约在 4 月 21 日接替白羊座，象征符号是代表公牛的头和角。公牛的守护星是金星，元素是土，属于固定星座，极性是阴性。它的整体效果使人平和、实际、稳重。

双子座

    双子座从 5 月 21 日起处于上升趋势，它的符号象征着两个相连的个体。水星是双子座的守护星，空气是它的元素，而它属于变动星座，它的极性是阳性。它们共同发挥着奇异、不安、多变和积极的影响。

巨蟹座

    巨蟹座的符号表示什么并不确定，但可以想象为螃蟹的爪子、月相或两个乳房。因为有了月球作为守护星，以及水元素和阴性的极性，黄道十二星座中的巨蟹（其极性是基本的）象征着母性和养育。巨蟹座大约在 6 月 22 日开始。

西方的十二星座

另见

狮子座对应的
体液，
第 41 页

圣米迦勒，
第 195 页

根据占星学信仰，十二星座和地球上的生命之间的关系在本质上是宏观 – 微观的："下如同上，上如同下"。每个星座都有许多影响——其守护星（见第 214–217 页）、元素（见第 224–225 页）、质量、模式或三分法（基本、固定或易变）和极性（阳性或阴性）——转而，它将复杂的影响作用于下面的地球。更具体地说，每个星座都被认为会影响"在它之下"出生的人的基本性格，以及身体的某个部分。

守护星金星

在 15 世纪的手稿《球体》（*De Sphaera*）中，金星的两侧是天秤座和金牛座，是由这颗行星所支配的黄道星座。金星给"她"的星座带来了对美的热爱——以及对爱的热爱，正如她的花和下面的求爱者所暗示的那样。

狮子座

狮子座即黄道十二宫中的狮子，从 7 月 23 日前后开始。它的守护星（太阳）、元素（火）、三分法（固定）和极性（阳性）创造了一个具有阳光性质（和火热的一面）、耐力和能量的指挥性人格。狮子座的符号可能象征着狮子的鬃毛、尾巴或心脏。

处女座

处女座的符号可能代表女性的生殖器官或"圣母玛利亚"的字母 M。处女座——从 8 月 23 日开始处于上升趋势——由水星守护，其元素是土、三分法是易变星座、极性是阴性，这些都体现了一个聪明、实用的性格。

天秤座

天秤座从 9 月 23 日开始，是平衡或天秤的标志，它的符号象征着平衡。金星是天秤座的守护星，它的元素是空气，它属于基本星座，它的极性是阳性的，天秤座的人是冷静的、自信的和外向的。

天蝎座

蝎子尾巴上的刺在其符号中是可见的，有助于将其与处女座区分开来。天蝎座在 10 月 23 日左右接替，其守护行星冥王星（或火星）、水元素、固定三分法和阴极性产生的影响包括谨慎和怜悯。

西方的十二星座

另见
双鱼，第 113 页
羊，第 145 页

传统上对黄道十二星座或它们的符号的描绘，在占星家和天文学家绘制的星图中占有重要地位，那时黄道十二宫可能会形成一个圆圈。由于每个星座都与 28 天左右的周期（大约是一个月）相关联，所以黄道十二星座（它们共同组成了一整年）也可能被描绘在以历法为重点的艺术作品中，每个星座——通常都有季节性的对应关系——代表一年中的适当时间（如在祈祷书中）。医学和深奥的图解画可能还包括十二星座的符号。

双鱼月

在 15 世纪中叶法国一本祈祷书的插图中，两条相连的鱼代表双鱼座。这个星座所统治的月份大约从 2 月 19 日开始——北欧的冬季——这就是为什么一个男人在火边暖脚。

射手座

　　射手座从 11 月 22 日开始影响地球，因为它的守护行星是木星，它的元素是火，它的三分法是可变的，它的极性是阳性的，这是广阔的、有活力的、多变的和有能量的。被想象成半人马，射手座的符号象征着一支箭。

摩羯座

　　摩羯座有时被刻画成鱼尾状，其符号可能包括这一细节和一对山羊角。土星是摩羯座的守护行星，它有土的元素，基本的三分法和阴性的极性。从 12 月 22 日开始上升，摩羯座的天性是清醒的，雄心勃勃的。

水瓶座

　　水瓶座是水的载体，由波浪状的线条组成的符号强调了这一点。从 1 月 20 日开始，水瓶座的守护行星（天王星或土星）、元素（空气）、三分法（固定）和极性（阳性）使水瓶座的人具有善于分析的和坚定的性格。

双鱼座

　　象征双鱼座的符号代表两条捆绑的鱼。双鱼座从 2 月 19 日开始，双鱼座的守护行星（海王星或木星）、元素（水）、易变的三分法和阴性的结合为其注入了理想主义的品质。

四元素和体液

四元素理论——火、水、气和土——起源于古希腊，在中世纪和文艺复兴时期的医学插图以及炼金术和占星术图中都有象征意义，因为人们曾经认为这四个要素构成了宇宙的一切。每种元素或原理据说包括两种品质（热或干、冷或湿），并与三个黄道带符号（三合体或三倍体）有关。虽然黄道十二宫的每个星座都与人体的一部分相联系，但这些元素还被认为通过四种体液影响人体健康。

黄道十二宫的四个元素

15世纪法国手稿中描绘的一个黄道轮的中心圈被分为四个部分。每四分之一代表四种元素中的一种：火、水、气和土。

火

火又热又干，与水对立，这个阳性元素的三合体是白羊座、狮子座和射手座。在炼金术中，火由一个正三角形象征；它也可以用蝾螈来表示，或者在艺术中用古典时期的赫菲斯托斯／伏尔甘来表示。

水

　　水是一种阴性元素，其三合体包括巨蟹座、天蝎座和双鱼座，水的特质是寒冷和湿润。它与火相反，在炼金术中用一个倒三角形表示，但也可以用温蒂妮，即其元素精灵来象征。古典时期的海神波塞冬／尼普顿也可以表示水。

气

　　气是一种热的、湿的、阳性的元素，其三合体包括双子座、天秤座和水瓶座，与土形成对比。炼金术士用一个一条水平线穿过的正三角形来表示它，或者用它的元素精灵——空气精灵来表示。古典时期的赫拉／朱诺女神在艺术上可能象征着气。

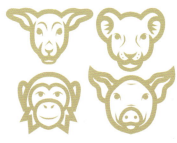

土

　　土是气的对立面，由一个被一条横线分割的倒三角形表示，或由地精——它的元素精灵表示，而古典时期的母神，如德墨忒尔／克瑞斯，可能在艺术中代表它。金牛座、处女座和摩羯座构成了与这种寒冷、干燥、阴性的元素相关的三合体。

四种体液

　　四种体液——以狮子、羊、猿和猪为象征——曾被认为是在体内循环。火热的体液（胆液）造成了暴躁的性格，水性的体液（黏液）产生了冷漠的性格，气态的体液（血液）使人面色红润，土质的体液（黑胆汁）导致忧郁。

神秘的符号

另见
圆规，
第 23 页
闪电击中的塔，
第 43 页

阴阳人

早期的炼金术士寻求长生不老药，以及将普通金属转化为黄金的方法，并使用一个精心设计的符号系统来记录他们的理论和化学实验。阴阳人是一个结合了男性要素和女性要素的两性形象，代表了理想的整体。

欧洲有着丰富的关于符号的神秘传统和秘密协会的历史，其中很多到今天依然存在。这意味着你很可能看到 21 世纪的五角星作为巫术的象征，例如，你很可能看到中世纪的死灵法师，而塔罗牌的设计也在不断被改造。在这些深奥的系统和秘密协会中，最重要的是炼金术、玫瑰十字会和共济会，它们都被曾经叱咤风云的罗马天主教会所谴责，这就是为什么它们的符号语言会演变，作为一种秘密交流的形式，至少在一定程度上避免被迫害。

大阿尔克纳（塔罗牌中的主牌）

倒吊人是一张极具象征意义的大阿尔克纳（塔罗牌中的主牌），但其意义不一定是负面的。这个版本来自德国的一套牌，这套牌是 20 世纪初亚瑟·爱德华·韦特（Arthur Edward Waite）和帕梅拉·科尔曼·史密斯（Pamela Colman Smith）设计的莱德－韦特塔罗牌。

玫瑰十字

　　玫瑰十字的主要标志是玫瑰十字——一个中心有一朵玫瑰的十字——事实上，这个画谜代表神秘的秘密协会及其著名创始人克里斯蒂安·罗森克鲁兹（Christian Rosenkreuz，德语意思是"玫瑰十字"）。

共济会符号

　　共济会的历史可以追溯到1717年，然而它的成员声称共济会与建造所罗门神殿的泥瓦匠以及设计其秘密标志的中世纪石匠行会有联系。共济会最著名的标志是将代表上帝（和几何学）的G与罗盘和正方形相结合。

塔罗牌的倒吊人

　　用于占卜和冥想，一套塔罗牌包括22张主牌和56张由四套14张牌组成的辅牌。图中的牌是主牌的第12张，代表倒吊人，象征着自我牺牲以换取智慧。

五角星

　　五角星象征着宇宙中的男人或女人，五是人类的数字（因为人类有五种感官，一个头加上四肢）。五个角也代表着五种元素（传统的四种，加上乙醚或烈酒），因此也代表着整体性。

寓言符号

神奇的生物

欧洲人想象中的神奇生物在欧洲大陆神圣的神话和概念中产生了强烈的共鸣，以至于它们已经深深地印在了欧洲的文化传统中。许多天空、海洋和大地的神奇生物都是古希腊人和罗马人遗留下来的，他们在阿提卡花瓶和罗马镶嵌画上描绘了他们的英雄故事。一些野兽象征着其他无法解释的自然现象，而另一些野兽则代表着善良或邪恶的超自然力量，这些区别后来在基督教寓言中被进一步强调。从中世纪的动物寓言集中提取的相关纹章怪物的描述，经常出现在徽章上。

女士和独角兽

在吉勒斯·哈杜恩（Gilles Hardouyn）为罗马出版的《小时书》（约 1510 年在法国出版）的插图封面中，一只雪白的独角兽温顺地靠在一位高贵的女士身边。据说只有处女才能驯服这种奇异的野兽。

珀伽索斯

在古典时期的神话中，珀伽索斯是一匹长着翅膀的白马，据说是海神波塞冬／尼普顿和戈尔贡－美杜莎的后代。作为珀尔修斯等英雄的坐骑，高飞的珀伽索斯代表着灵性和高贵（在文艺复兴时期的寓言中代表着名望）。

独角兽

对西方独角兽的描述各不相同——例如，它可能长着羚羊或马的身体——但所有人都认为它的头上长了一个净化的角。在基督教传统中，这种白色的纯洁象征只有处女可以驯服，因此可以表示基督。

凤凰

西方的金凤凰据说每隔 500 年就会暴露在太阳的烈焰下，然后从葬身火海的灰烬中重生出来。对罗马人来说它象征着已故皇帝的神化，而基督徒则把它与基督的复活联系起来。

龙

西方的龙被描述为邪恶的化身，在基督教信仰中被等同于"蛇"撒旦。据说龙会喷火，它可能有蝙蝠的翅膀、猛禽的爪子、爬行动物的鳞片皮肤和蛇的尾巴（如果打结，就表示它被打败）。

四 季

另见
玉米和小麦，
第 11 页
丰饶之角，
第 25 页

欧洲以女性形象表现一年四季的传统源于古希腊人，他们将其设想为三或四位女神，称为荷莱（"时序女神"）。荷莱被认为控制着自然的季节变化，每个人都被描绘成拥有适当的自然属性，但从文艺复兴时期开始，古典时期其他的神可以取代她们的位置。因为她们表示时间的流逝和存在的周期，四季也可能暗指艺术中人类生活的四个阶段，也象征着其他寓言式的四重奏，如四元素（见第 224–225 页）。

春天的象征

在意大利艺术家桑德罗·波提切利（Sandro Botticelli）的杰作《春》（约 1478 年）的细节中，众多娇嫩的花朵为芙罗拉披上了一件衣服。芙罗拉是古罗马的花卉和春天女神，因此她在寓言画中象征春天，特别是在文艺复兴时期的艺术中。

春天

代表春天的霍拉被描绘成手持鲜花——仅春天的花朵就可以象征这个季节——而经常替代她的古典时期神灵是阿佛洛狄忒／维纳斯和芙罗拉。春天也可以由一个婴儿或儿童来象征，并与气这个元素有关。

夏天

成熟的农作物在夏季收获，所以代表这个季节的霍拉（或者德墨忒尔／克瑞斯）可能被描绘成戴着玉米穗，手持小麦捆、镰刀或钐刀。水果也可能象征着夏天，它与人一生中的壮年时期和火有关。

秋天

在地中海地区，葡萄是在秋天采摘的，这就是为什么葡萄和藤蔓叶子可以装饰象征这个季节的霍拉，或者古典时期的狄俄尼索斯／巴克斯。丰饶角也可能象征着秋天，表示人类生命的成熟阶段，以及大地。

冬天

冬天可以用各种各样的艺术形象来表现：一个裹得严严实实的女人；一个披着斗篷的老人；或者古典时期的赫菲斯托斯／伏尔甘、玻瑞阿斯（北风神）或艾琳，以及一棵光秃秃的树（典型的冬天象征）。冬天象征着衰老、死亡以及水。

生命与死亡

另见

骷髅，第 47 页

死亡，第 95 页

虽然任何画作中都可能出现对生命和死亡的象征性暗示，但这些主题是两类寓言的主要关注点：一类是表现人（或人类）的年龄，另一类是表现生命短暂和尘世财产最终无价值。虽然人的年龄中隐含着生命的短暂——它贯穿了人类生存的过程，从婴儿期到成年期再到老年期，但没有固定的数字——但它是 17 世纪欧洲特别流行的虚空（拉丁语中的"虚荣"或"空虚"）静物画的核心信息。

人类的五个年龄段

17 世纪德国手稿中的一幅炼金术诗的插图描绘了人类的五个年龄段。一个裹着襁褓的婴儿，代表出生和童年，站在两个代表年轻和成熟的人物的左边，后面是老年和死亡。

出生和童年

　　由于鸟蛋具有孕育后代的潜力，所以它被等同于人类的子宫，并象征着生育、新生命、出生和儿童。幼小的动物、春天的花朵，甚至人类的婴儿也代表着生命的这个初始阶段。

求爱和订婚

　　青年时期一直是求爱的年纪，由于在过去的几个世纪里，相亲往往是一种重要的习俗和传统，艺术可能被用来促成或纪念订婚。在文艺复兴时期的艺术中，康乃馨可以作为订婚的象征。

婚姻和成熟

　　就像鸡蛋可以象征孩子一样，一对鸟——爱情鸟——在欧洲艺术中可以代表他们未来的父母。人们通常用白鸽来象征浪漫的爱情（引领人们走向婚姻），因为这些鸽子是古典时期的爱情和生育女神阿弗洛狄忒／维纳斯的圣物。

老年和死亡

　　在表现艺术中，棍子可能象征着老年，而沙漏（暗示着时间的沙子正在快速流逝）经常出现在劝世静物画中。类似的象征（即将到来的）死亡的符号还包括计时器、水沟或被掐灭的蜡烛，以及头骨、骷髅和空壳。

七　艺

另见
中国文人四艺，
第 160-161 页

被归类为七艺的科目组合可以追溯到古罗马；它在 5 世纪的寓言故事《语文学与墨丘利的联姻》中得到了永生；在中世纪和文艺复兴时期，它被视为良好教育的基础。这七艺包括文法、逻辑或辩证法和修辞的三科（拉丁语称"三条路"），以及几何、算术、天文和音乐的四学（"四条路"），可以被描绘成女性，有时与她们的"母亲"哲学一起。每一个都可以用一个适当的标志（这里显示的是四个）或历史人物来象征。

天文学中的浑天仪

天文学（占星学）的形象是抓着浑天仪，这是她最独特的标志之一，出自 16 世纪意大利手稿《艺术与科学》的寓言式描绘。浑天仪可能象征着宇宙。

天文学

代表天文学的形象可能持有浑天仪或由代表天体地图的天球象征（如右图）。天文学的其他标志可能包括一副罗盘、一个六分仪或一个星盘。托勒密也可能代表天文学。

语法

语法经常被描绘成一个女人在指导她的学生，手里拿着鞭子（如上图）或棍子来强化她的教学。另外，她也可能被描绘成给植物浇水。而能代表语法的历史人物是语法学家普里西安或多纳图斯。

1 2 3
4 5 6
7 8 9
10
100
200

算术

在描述中经常与算术的女性化身相关的标志，或者象征这个主题的标志，包括刻有数字的平板或卷轴、算盘或尺子。毕达哥拉斯是著名的数学家，他也可以代表算术。

音乐

音乐通常被描绘成一个手持乐器的女人，如琵琶或竖琴；另一个标志是天鹅，据说天鹅只有在死亡时才会唱歌。可以代表音乐的人是毕达哥拉斯或该隐的后裔土八该隐。

大洋洲

另见
章鱼，第49页

引 言

虽然他们的表现风格显示出明显的文化差异，但大洋洲的艺术形式有许多象征性的相似之处。因为在这一地区的艺术背后，隐藏着一种强大的祖先与各种形式的自然的联系，无论是景观特征、土壤生物、空气和水，还是气候条件。澳大利亚原住民艺术主要关注传达梦创时代的事件和概念，其具象和符号语言可以在岩石、树皮和人体绘画中复制，以肯定一种神圣的集体认同感。毛利人符号艺术不那么具体，其传统艺术形式——特别是雕刻——以体现动态能量的风格化、曲线化的图案为主。

袋鼠的足迹

澳大利亚原住民绘画中的本土生物的足迹，看起来就像你追随该动物、鸟类或爬行动物的脚步一样。袋鼠的轨迹由一对平行线象征，每条线在底部以一条短的、向外的对角线终止。

原住民岩石艺术

在澳大利亚北领地卡卡杜国家公园的这幅岩画中，可以看到一个小型的、白色的巴尔金杰（Barrginj，梦创时代的祖先，见237页）形象。她上方的大型"X光式"人物描绘的是原住民创世祖先纳蒙德约克（Namondjok）。

梦创时代的祖先

澳大利亚古代原住民岩画描绘了阿纳姆地梦创时代的祖先，如巴尔金杰（Barrginj），她的乳房和生殖器象征着她生养孩子的能力。Barrginj是闪电人那玛共的妻子，据说她是阿卢尔（Alyurr，非原住民称为莱卡特的蚱蜢）的母亲。

提基

提基的意思是"人的形象"，也是毛利人符号信仰中第一个人的名字。风格化的男性和女性提基形象既代表了神话中的祖先，也代表了现实中的祖先，象征着祖先作为一种保护而存在。提基伸出的舌头是为了表示蔑视和吓唬邪恶势力，使其远离活着的后代。

银蕨

银蕨是毛利人艺术中最常表现的图案之一。据描述，银蕨是一个向内卷曲的螺旋形组成的圆，类似于新西兰本地蕨类植物的嫩叶。因此，它象征着生命力、成长和进化等充满活力的概念。

神圣符号

另见

瓦瓦拉格姐妹，

第 241 页

蛇和闪电，

第 92 页

澳大利亚原住民梦创时代的神灵

原住民对神的信仰集中在梦创时代，当时原始生命在澳大利亚游荡，创造了澳大利亚的自然特征，并指导人类的生活技能。这些生命包括米米神灵，据说古代岩画中的米米神灵是由他们自己创造的，他们教人们画出"米米风格"。大多数从符号上（实际上）被认为仍然是此时此刻的一部分，包括彩虹蛇，据说它们居住在水中，而雷电神灵在雨季会出现。而旺吉纳被认为将自己塑造成了鬼魂般的形象。

旺吉纳的墙

一排旺吉纳神灵从澳大利亚的一幅岩画中向外凝视。根据原住民的信仰，当旺吉纳从海里搬到陆地上时，他们会把自己变成这样的画像，因此这些"肖像"代表了他们的精神存在。

米米神灵

　　米米神灵被视为捣蛋鬼，被描绘成棍子一样的人物，通常从事狩猎或其他据说是他们教给人们的活动。它们极薄的身体象征着它们能在岩石裂缝中生存，但却不能抵御风。

彩虹蛇

　　对彩虹蛇的信仰在整个澳大利亚原住民中很普遍，彩虹蛇主要象征着水，其蛇形代表水的运动，其彩虹色代表雨季。彩虹蛇可能表示生育能力，但也表示山洪暴发等破坏性力量。

雷电神灵

　　根据一些原住民的信仰，壮观的闪电是由雷电神灵（如那玛共）造成的。这类神灵可以用他们周围的弧线（表示闪电）来象征，这些弧线是由他们身上经常出现的雷霆之斧造成的。

旺吉纳神灵

　　他们朦胧的特征和云状的光环象征着旺吉纳与水的关系。据说这些带来雨水的神灵是经由大海再从云层而来，他们拥有圆眼睛和鼻子，但没有嘴巴；从他们光环中放射出的线条可能意味着闪电。

身份符号

另见
袋鼠的足迹，
第 236 页
彩虹蛇，
第 239 页

原住民的祖先和图腾生物

祖先和图腾生物在澳大利亚原住民艺术作品中占有重要地位，它们的意义往往在于它们在梦创时代所扮演的建立部落的角色，以及它们与声称和它们有亲缘关系的个人和部族之间持续的密切联系。它们可能被描绘成人类、动物、鸟类、爬行动物、昆虫或植物（许多被认为具有变形能力），独特的拉尔克图案（称为 rarrk）可能赋予它们的身体以实质和运动，进一步象征氏族亲属关系。图腾式的祖先，如瓦瓦拉格姐妹，以及袋鼠、巨蜥和负鼠等生物，可被视为一个部族集体身份的主要象征。

袋鼠、小袋鼠和澳洲野狗

伊拉瓦拉（Irvah）是阿纳姆地的艺术家，他在这幅树皮画中，将一只小野狗与一只大袋鼠放在一起。可以看到幼崽（小袋鼠），被塞进了袋鼠的育儿袋。

瓦瓦拉格姐妹

瓦瓦拉格姐妹的故事有许多版本，但强调人类与自然之间相互联系的共同主题是：一条居住在水坑里的大蟒蛇（阳性象征）吞下并反刍瓦瓦拉格姐妹（阴性象征）。

袋鼠

除了具有图腾意义外，袋鼠在传统上也是一种食物来源。原住民艺术中以"X射线风格"描绘的袋鼠（和其他生物）具有教育功能，揭开动物解剖学的神秘面纱，从而有助于狩猎和屠宰。

巨蜥

巨蜥可以像上图看到的那样形象地表现出来，也可以用符号的形式表示，包括一条线（表示它的身体）和它的脚印。梦创时代一个神话讲述了一只巨蜥把自己变成了昆士兰州的魔力山的故事。

负鼠

大眼睛、卷尾巴的负鼠图腾可能被描画得和这种动物的外表一模一样，但在原住民艺术中，这种澳大利亚有袋动物的图腾也可以通过爪印来象征，每个爪子通常表现为一条对角线，其中有四条较小的线突出，像一把四齿梳。

符号系统

另见
首领，
第 69 页

U 形

U 形——也可以倒着写——代表一个人，它描述的是一个人坐在地上时产生的痕迹。

澳大利亚原住民的抽象符号

在外行看来，一些澳大利亚原住民艺术作品可能只是一些抽象的设计，但其背后的意义却是极其神圣和增长见识的。这些图像的灵感来自梦创时代——当游荡的神灵将大陆的自然组成部分变为现实时——反映了传统原住民的游牧生活方式，它们可能同时象征性地传达了一个特定的梦创时代故事，并描绘出与之相关的具体区域。如果你想象自己是在观看一张风景的航拍照片，那么这类艺术作品中的几何符号和其他符号也许最容易被理解和解读。

神圣的地图

在这幅色彩斑斓的澳大利亚原住民画作中，盘绕的蛇身成了焦点。它两边的两组同心圆可能象征着休息点或水潭，而从蛇身出发的线条可能象征着道路或水道。

同心圆

同心圆可能代表一些景观特征，包括静态的和短暂的，但通常表示一个地点。例如，它们可能表示一个水坑、岩石或地面上的一个洞，或者是一个露营点，甚至只是一个聚会场所。

波浪线

波浪线可能表示流动的水或另一种动态自然力量的不规则运动，如闪电、丛林大火或烟雾。波浪线也可以代表爬行动物蜿蜒的身体，在这种情况下，可能暗示头或脚。

圆点

圆点象征着许多自然特征或事件，包括雨滴、火花、星光、浆果和鸡蛋。如果整幅画都是圆点，可能是为了向外行人掩盖画面的神圣意义。

短线

如上图所示，短的、椭圆形的、条状的线条，可能代表挖掘棒（传统上用于挖掘可食用的树根）或拍手棒（用于仪式上的歌舞）。短的直线，有时一端有钩，可能象征着长矛。

直线

直线代表直接运动，特别是到达某个地方的路线，如营地（如图）。动物足迹之间的直线，可能象征着动物的身体或它的前进。

寓言符号

另见

雷鸟，第 87 页

龙，第 159 页

可怕的塔尼瓦

塔尼瓦主导着毛利人岩画的重建；据说它已经吞噬了一个人，正在淹没另一个人。这幅 16 世纪的岩画在新西兰一个石灰岩庇护所的天花板上。

毛利神奇生物

在毛利人雕刻传统的象征性词汇中，有一系列神奇的生物。特别值得注意的是像鸟一样的马纳亚和水生的塔尼瓦，以及普凯（poukai，一种可怕的巨大猛禽）和马拉基豪（marakihau，塔尼瓦的一种独特"物种"）也被列入毛利艺术家的神奇才能——通常是以可怕的动物、禽类和鱼类的形式。这些想象中的生物通常象征着未知的、鲜为人知的或危险的自然力量和条件，它们可能被认为是对毛利人、毛利人的世界或毛利人的世界观的威胁，但也可能充当保护力量。

马纳亚

虽然马纳亚类似于蜥蜴，但它们的尖颚与鸟类的喙相似，因此被认定为"鸟人"（它们的身体可能是人类，尽管每个肢体有三个爪子一样的指头）。马纳亚可能代表精神向导和守护者，特别是在死后。

普凯

根据毛利人的神话，普凯被描绘成一个巨大的、有翅膀的生物，它有一个弯曲的喙，能抓住并吞噬人类。虽然 Poukai 可能曾经存在过（作为现已灭绝的哈斯特鹰），但今天它象征着破坏性的空中力量，可能会毫无征兆地发动袭击。

塔尼瓦

畸形的塔尼瓦人居住在特定的水体中，并象征着水体，因此他们经常与水生生物的尾巴一起被描绘。有些塔尼瓦被认为是人类的敌人，有些则是仁慈而强大的守护者。

马拉基豪

作为塔尼瓦人的一种，马拉基豪在海洋深处出没。它最显著的身体特征是用来吸住猎物的管状舌头，从而表示潜伏的、消耗一切的力量。

术语表

埃癸斯　古典时期神话中宙斯/朱庇特的盾牌，雅典娜/密涅瓦也将其当作斗篷穿着或当作盾牌拿着。

八卦　在中国传统中，表示阴阳之间不同变化的图像。

疤痕　故意在皮肤上留下伤痕，形成通常具有部落意义的图案。

变形　一种改变其形式或外观的能力。

标记　普通或纹章盾牌上的符号或标志。

标签　象征长子的纹章标志，包括一条水平线，上面悬挂着三个或五个"点"。

标志　纹章学术语，表示九个不同的小标记或符号之一，位于盾形纹章的中央，表示一个儿子在家族中的地位。

表意符号　表示一个或多个单词的书面符号。

表音符号　一种表示声音的书面符号。

超现实主义　20 世纪的欧洲新艺术运动，受弗洛伊德理论的影响，其目的是表达潜意识中产生的梦幻般的图像。

第二名字　古埃及法老的出生名字。

第一名字　古埃及法老的王位名称。

动物寓言集　一套有注释的、寓意深刻的动物和神奇生物的插图，在中世纪的欧洲非常流行。

盾面　纹章学术语，表示盾牌或旗帜的背景。

盾形纹章　在纹章学中指的是盾形纹章，有时也指纹章牌。

多杰　见金刚。

法典　一卷或多卷，由古代手稿的独立书页组成。

佛塔　圆顶的佛教或者那教的神圣纪念碑。

佛陀标志　印度次大陆的一种物理标识；32 个 LAKSHANA 代表佛陀。

浮世绘　日本 17 至 19 世纪流行的一种艺术风格。

符文　构成日耳曼卢恩字母的字符之一，如盎格鲁－撒克逊语。

甘露　在印度教中是一种令人陶醉的液体。

卦　由三条线组成的符号。

宏观世界　一个大型的、复杂的结构，代表一个整体。

护身符　符号物品或图像，被认为具有驱除邪恶或带来好运的力量。

化身　"降临"的梵语，是印度教中毗湿奴的九种人间表现形式之一。

画谜　在纹章学中指代表一个词或名字的图像，通常是战士名字的双关语。

徽章　①在欧洲的纹章学中，是一个头盔上的三维符号图像；②北美洲西北海岸人民的符号标志。

徽章　是一种重要职务或会员身份的象征或标志。

基路冰　犹太教－基督教传统中的一个天使团。

极性　在占星学中是指每四个星座共同具有的特征（基本、固定或易变）。

简写　代表整个单词或短语的书面符号。

交叉影线　两组交叉的平行线。

金刚杵　法杖或法器，由某些印度教或佛教神祇携带。

酒神杖　古典时期神话中的酒神狄俄尼索斯和他的追随者所持的带松果头和常春藤环的

手杖。

具 复杂的密宗几何图形，类似于曼荼罗，象征着宇宙。

卡杜修斯 古典时期的信使神赫尔墨斯／墨丘利所持的带翼蛇形杖。

克奇那 北美洲西南部地区的普韦布洛人（特别是霍皮族和祖尼族）的降雨神灵助手。

蓝果丽 彩色的有象征意义的印度干画，传统上画在地板上。

离合诗 文本的一个部分，其中某些字母组成了一个或多个重要的单词。

灵媒 将死者的灵魂从活人的世界带入死亡的一种生物（如神灵、天使或动物）。

菱形 未婚或离异的有佩戴徽章权利的女性的菱形盾牌，在纹章学中是男性盾牌替代品。

另一个世界 在凯尔特人的信仰中是指死亡的国度或神灵的世界。

六线形 ①六角星；②在《易经》中，由六条虚线或实线组成的符号。

轮回 印度教和佛教信仰中无尽的生命、死亡和重生的循环。

脉轮 八辐轮是佛教中用的"法轮"。

曼荼罗 梵语中的"圆"，是宇宙或意识的圆形象征，用于冥想，特别是在佛教中。

美索不达米亚 亚洲西南部的一个地区，大致在底格里斯河和幼发拉底河之间。

梦创时代 在澳大利亚原住民的信仰中，指原始神灵和祖先创造土地及其组成部分的时期。

密宗 印度教和佛教的一种神秘形式，基于宇宙性的概念。

磨难人 马赛族的战士。

魔符 代表伏都教神灵的符号。

涅槃 在佛教和印度教的信仰中，指从轮回中解脱。

女魔脸形饰 古典符号，代表戈尔贡－美杜莎的断头，人们认为它有抵御邪恶的力量。

菩萨 在佛教信仰中选择留在人世间的开悟者。

普通图记 纹章学的盾牌上的线性形状。

丘比特 也称厄洛斯、阿莫尔或小天使，在西方艺术中被描绘成小而胖的男孩，有时还带有翅膀。

日本纹章 日本的一种圆形徽章。

融合 不同宗教或信仰的结合。

撒拉弗 犹太教－基督教信仰中的一个天使团。

三相神 在印度教中，指梵天、毗湿奴和湿婆的神圣三人组。

三叶草 由三片风格独特的叶子组成的符号。

色泽 纹章学中表示颜色的一个词。

沙画 传统上用不同颜色的沙粒或干材料制作的神圣图像，用于仪式，特别是北美洲的纳瓦霍族（以及世界上其他民族）。

沙克提 印度教和密教中活跃的女性神性创造能量。

"神圣"符号 一个符号（通常是一个生物的形象），被认为具有神奇的能力，可以将其品质传给与之相关的人。

圣蛇 乌赖乌斯在古埃及艺术中经常被描绘在神或法老的额头上。

石碑 直立的石板，上面通常刻有字或有装饰。

手印 印度教和佛教传统中的一种仪式性、象征性的手势。

狩猎魔法 描绘被捕动物的象征性的场景，相信这些场景会在现实世界中神奇地再现。

死亡象征 意思是"记住人总有一死"，在艺术中经常由符号来表达，代表死亡或生命的短暂。

塔罗牌 一种使用22张主牌和56张副牌的占卜系统。

太极圈 中国道教风格独特的圆圈，象征着阴阳之间的理想交互。

唐卡 描绘密宗佛教主题的"平面"绘画或装饰性针织物，常见于中国西藏和尼泊尔。

特征 识别或象征神灵或圣人的物体或特征，可以与神灵或圣人一起描绘，也可以单独描绘。

"体液" 曾被认为是影响人类性格的四种液体。

头饰 代表北美洲西南部的克奇那人的舞者和娃娃所戴的头部装饰。

图解 ①艺术中使用的符号及其含义；②用于代表特定人物或主题的图像的集合体。

图腾 表示氏族或部落的符号，通常代表共同的祖先。

图像字符 符号图像。

椭圆形 包含了古埃及法老的第一名字和第二名字的象形文字。

万神殿 供奉宗教神灵的场所。

微观世界 一个更大的等价物（宏观宇宙）的微缩代表或象征，如一个与宇宙有关的人类形象。

文化英雄 在神话中，创造、帮助或促进人类文化的一种存在。

纹章 也称徽章。一种独立于纹章牌的纹章设计，可由持有者的盟友和伙伴使用，作为效忠或归属的象征。

纹章牌 纹章学中的一种完整的纹章表现，通常显示盾形纹章、头盔、徽章花环或冠冕、覆巾、徽章和支持者。

纹章箴言 文艺复兴时期艺术中经常出现的个人象征或符号。

无像 不以人或动物的形式出现，而是通过符号的方式。

五瓣花饰 纹章学中使用的一种风格独特的五瓣花朵。

武士 日本以武艺为专业的阶层。

限定词 古埃及的书写体系中，一种确定或阐明其他象形文字意义的符号。

线条 见标志。

象形文字 在古埃及的书写系统中使用的一种文字。

象征 代表其他事物的东西。

象征主义 在欧洲艺术史上，是一场跨越19世纪末和20世纪初的运动，强调符号图像和技巧。

小爱神 见丘比特。

邪神 神话中精力充沛、行为不稳定的人，可能是有益的，也可能具有破坏性。

形式线 在北美洲西北海岸地区的艺术中，用来表示生物的风格独特的线条体系。

虚空 西方艺术中寓言式静物画的一种类型，象征着生命的短暂和死亡的不可避免。

阳 中国道教信仰中的积极、活跃的宇宙能量。

阳具 在印度教和密宗艺术中表示男性生殖器、阳性要素或湿婆的符号。

意符 代表一个物体或概念的书面符号。

阴 中国道教信仰中消极的、被动的宇宙能量。

瑜伽体位 印度教和佛教中的一种仪式性姿势。

宇宙学 关于宇宙是如何形成的，以及特点的说明。

寓言 象征性地暗指更深层或更抽象的意义或想法的艺术品。

原型 遗传下来的符号形象，包含在人类的集体无意识中，代表人类普遍经验的一个方面。

正向 纹章术语，意思是正面对着参观者。

支撑物 位于盾形纹章两侧的人或动物。

坠子 一种雕刻的拨动装置，其雕刻已成为日本的一种艺术形式。

鲻鱼 一个五角的、未穿孔的星，是识别第三个儿子的纹章。

字母组合 由一个或多个字母组成的风格独特的设计，通常是首字母。

宗族 通常有共同祖先的一群相互关联的人。

坐骑 印度教神的"交通工具"。

参考资料

General bibliography

Cooper, J C, An Illustrated Encyclopaedia of Traditional Symbols (Thames & Hudson, London, 1978)

Gibson, Clare, Goddess Symbols: Universal Signs of the Divine Female (Saraband, Rowayton, 1998)

Gibson, Clare, The Hidden Life of Art: Secrets and Symbols in Great Masterpieces (Saraband, Glasgow, 2006)

Gibson, Clare, Sacred Symbols: A Guide to the Timeless Icons of Faith and Worship (Saraband, Rowayton, 1998)

Gibson, Clare, Signs & Symbols: An Illustrated Guide to Their Meaning and Origins (Saraband, Rowayton, 1996)

Hall, James, Hall's Illustrated Dictionary of Symbols in Eastern and Western Art (John Murray, London, 1994)

Shepherd, Rowena, & Shepherd, Rupert, 1000 Symbols: What Shapes Mean in Art & Myth (Thames & Hudson, London, 2002)

Werness, Hope B, The Continuum Encyclopedia of Native Art: Worldview, Symbolism & Culture in Africa, Oceania & Native North America (The Continuum International Publishing Group, New York, 2000)

Africa

Adkins, Lesley & Roy, The Little Book of Egyptian Hieroglyphs (Hodder & Stoughton, London, 2001)

Gibson, Clare, The Hidden Life of Ancient Egypt: Decoding the Secrets of a Lost World (Saraband, Glasgow, 2009)

Lurker, Manfred, The Gods and Symbols of Ancient Egypt: An Illustrated Dictionary (Thames & Hudson Ltd, London, 1980)

McDermott, Bridget, Decoding Egyptian Hieroglyphs: How to Read the Secret Language of the Pharaohs (Duncan Baird Publishers, London, 2001)

Owusu, Heike, African Symbols (Sterling Publishing Company, New York, 2000)

Robins, Gay, The Art of Ancient Egypt (The British Museum Press, London, 1997)

Wilkinson, Richard H, Reading Egyptian Art: A Hieroglyphic Guide to Ancient Egyptian Painting and Sculpture (Thames & Hudson Ltd, London, 1992)

The Americas

Feest, Christian F, Native Arts of North America (Thames & Hudson, London, 1992)

Kew, Della, and Goddard, P E, Indian Art and Culture of the Northwest Coast (Hancock House Publishers, Surrey, BC, 1974)

Miller, Mary, and Taube, Karl, The Gods and Symbols of Ancient Mexico and the Maya: An Illustrated Dictionary of Mesoamerican Religion (Thames & Hudson, London, 1993)

Taylor, Colin F, The Plains Indians: A Cultural and Historical View of the North American Plains Tribes of the Pre-reservation Period (Salamander Books, London, 1994)

Wherry, Joseph H, The Totem Pole Indians (Thomas Y Crowell Company Inc, New York, 1974)

Asia

Frédéric, Louis, Buddhism (Flammarion, Paris, 1995)

Gibson, Clare, The Ultimate Birthday Book: Revealing the Secrets of Each Day of the Year (Saraband, Rowayton, 1998)

McArthur, Meher, Reading Buddhist Art: An Illustrated Guide to Buddhist Signs & Symbols (Thames & Hudson,

London, 2002)

Unterman, Alan, Dictionary of Jewish Lore & Legend (Thames & Hudson Ltd, London, 1991)

Williams, C A S, Chinese Symbolism and Art Motifs: A Comprehensive Handbook on Symbolism in Chinese Art Through the Ages (Tuttle Publishing, North Clarendon, VT, 1974)

Europe

Bedingfeld, Henry, and Gwynn–Jones, Peter, Heraldry (Bison Books, London, 1993)

Duchet–Suchaux, G, and Pastoureau, M, The Bible and the Saints (Flammarion, Paris, 1994)

Ellwood Post, W, Saints, Signs and Symbols: A Concise Dictionary (SPCK, London, 1972)

Fisher, Sally, The Square Halo & Other Mysteries of Western Art: Images and the Stories that Inspired Them (Harry N Abrams, New York, 1995)

Fox–Davies, A C, A Complete Guide to Heraldry (Thomas Nelson & Sons, London, 1925)

Friar, Stephen, Heraldry: For the Local Historian and Genealogist (Alan Sutton Publishing Limited, Stroud, 1992)

Gibson, Clare, The Hidden Life of Renaissance Art: Secrets and Symbols in Great Masterpieces (Saraband, Glasgow, 2007)

Gibson, Clare, The Ultimate Birthday Book: Revealing the Secrets of Each Day of the Year (Saraband, Rowayton, 1998)

Gibson, Clare, The Ultimate Book of Relationships: Revealing the Secrets of Compatible Partnerships (Saraband, Glasgow, 2004)

Green, Miranda J, Dictionary of Celtic Myth and Legend (Thames & Hudson, London, 1992)

Oswalt, Sabine G, Concise Encyclopedia of Greek and Roman Mythology (Wm Collins Sons & Co, Glasgow, 1969)

Oceania

Caruana, Wally, Aboriginal Art (Thames & Hudson, London, 1993)

Lewis, David, and Forman, Werner, The Maori Heirs of Tane (Orbis Publishing, London, 1982)

Thomas, Nicholas, Oceanic Art (Thames & Hudson, London, 1995)

USEFUL WEBSITES

Africa
Adinkra Symbols and Meanings
www.welltempered.net/adinkra/htmls/adinkra_index.htm
www.africawithin.com/tour/ghana/adinkra_symbols.htm

The Americas
Northwest Coast Native Art
www.pathgallery.com

Native American Symbols and Meanings
www.buckagram.com/buck/symbols
www.collectorsguide.com/fa/fa040.shtml

Asia
Online Asian art gallery
ww.orientaloutpost.com

Europe
The British Museum
www.britishmuseum.org/explore/explore_introduction.aspx

The Metropolitan Museum of Art/the Heilbrunn Timeline of Art History
www.metmuseum.org/toah/

The National Gallery
www.nationalgallery.org.uk/collection/default.htm

Oceania
Galleries of Aboriginal Art
www.aboriginal-art.com
www.aboriginalartonline.com
www.aboriginalartstore.com.au

致　谢

作者致谢

衷心感谢莎拉·亨特，是她让我走上了研究符号的道路。

衷心感谢迈克·哈沃斯·马登，感谢他一直以来的支持。

感谢玛丽安·吉布森和约翰·吉布森，感谢他们不断地鼓励，以及一些宝贵的素材。

最后，我非常感谢卡罗琳·厄尔和常春藤出版社的团队，特别是他们的辛勤工作和对细节的关注。

图片来源

出版商要感谢以下个人和组织，感谢他们允许在本书中转载图片。我们已尽力对图片进行确认，但如果有任何无意的遗漏，我们深表歉意。

Alamy/Ariadne Van Zandbergen: 68.

Art Archive/Archaeological Museum Baghdad: 98; Sylvan Barnet and William Burto Collection: 110; Bibliothèque Nationale Paris/Marc Charmet: 224; Bodleian Library Oxford: 8, 222, 232; British Library: 20, 116; British Museum: 148; British Museum/ Eileen Tweedy: 22; College of Arms/John Webb: 206. Alfredo Dagli Orti/Bargello Museum Florence: 38; Biblioteca Estense Modena: 220; Biblioteca Nazionale Marciana Venice: 234; Galleria Nazionale dell' Umbria Perugia: 6, 64; Galleria degli Uffizi Florence: 230; Historiska Muséet Stockholm: 176; Musée Guimet Paris: 108; Museo d' Arte Sacra Asciano: 182; Museo Tridentino Arte Sacra Trento: 198; National Gallery Budapest/ Alfredo Dagli Orti: 178; Palazzo del Te Mantua: 2, 164; Salamanca University: 214; Suermondt Museum Aachen: 190; University Library Heidelberg: 32.
Gianni Dagli Orti: front cover, 10, 50 54, 58, 66, 134; /Archaeological Museum Palermo: 16; Bardo Museum Tunis: 44; Basilique Saint Denis Paris: back cover, 162; Biblioteca Nacional Lisbon: 102; Bibliothèque des Arts Décoratifs Paris: 34, 94, 138, 216; Bibliothèque Municipale Abbeville: 26; Bibliothèque Municipale Rouen: 42; Bibliothèque Municipale Valenciennes: 30, 186; Lucien Biton Collection Paris: 140; Cathedral of Santiago de Compostela: 210; Château de Blois: 24; Egyptian Museum Cairo: 28; Episcopal Museum Vic Catalonia: 200; Mohammed Khalil Museum Cairo: 112; Musée des Arts Africains et Océaniens: 52, 240; Musée Cernuschi Paris: 144, 146; Musée Condé Chantilly: 14; Musée Granet Aix-en-Provence: 12, 148; Musée Guimet Paris: 122, 132, 160; Musée du Louvre Paris: 56, 60, 96, 196; Musée d' Orsay Paris: 8; Musée de Tessé Le Mans: 46; Museo Civico Bolzano: 180; Museo Diocesano Bressanone: 184, 194; Museo Provincial de Bellas Artes Salamanca:188; Museo del Templo Mayor Mexico: 80; Museo de Teotenango Mexico: 88; National Anthropological Museum Mexico: 78; Pinacoteca Nazionale di Siena: 192; Private Collection Istanbul: 100; Private Collection Paris: 118; Real biblioteca de lo Escorial: 218. Global Book Publishing: 238; House of Lords London/ Eileen Tweedy: 208; Jarrold Publishing: 36; Kharbine– Tapabor/Coll. BHVP-Grob: 228; Musée Granet Aix-en-Provence/Laurie Platt Winfrey: 166; National Gallery London/Eileen Tweedy: 170; 172; Private Collection/Marc Charmet: 40, 150; Nicolas Sapieha:136; Adolf Spohr Collection, Gift of Larry Sheerin/Buffalo Bill Historical Center, Cody, Wyoming: 72, 86; Victoria & Albert Museum London/Sally Chappell: 104, 212; Victoria & Albert Museum London/Eileen Tweedy: 106, 124, 130.

Bridgeman Art Library/Bibliotheque Nationale, Paris, France/Archives Charmet: 154; Bildarchiv Steffens: 236; British Museum, London/Ancient Art and Architecture Collection Ltd: 128; / Giraudon: 168, 202; Horniman Museum, London/ Photo ©Heini Schneebeli: 242; Museum of Fine Arts, Houston, Texas/Gift of Miss Ima Hogg: 76; Oriental Museum, Durham University: 158; Private Collection: 126; Private Collection/ Archives Charmet: 152; Private Collection/Photo ©Boltin Picture Library: 84; Private Collection/ Photo ©Bonhams, London: 62; Royal Geographical Society, London: 114.

Corbis/Tom Bean: 90; Geoffrey Clements: 74; Craig Lovell: 120; Smithsonian Institution: 92.

Galerie Monnin: ©Galerie Monnin/André Pierre: 82.

Scala Archives/HIP: 156; Courtesy of the Ministero Beni e Att. Culturali: 204.

Werner Forman Archive/Canterbury Museum, Christchurch: 244; Private collection: 70.